킹피셔

킹피셔

지은이 창조경영아카데미
펴낸이 안용백
펴낸곳 (주)도서출판 넥서스

초판 1쇄 발행 2009년 11월 15일
초판 3쇄 발행 2009년 11월 27일

출판신고 1992년 4월 3일 제311-2002-2호
121-840 서울시 마포구 서교동 394-2
Tel (02)330-5500 Fax (02)330-5555
ISBN 978-89-6000-690-4 03320

www.nexusbook.com
넥서스BIZ는 (주)도서출판 넥서스의 경제경영 브랜드입니다.

세계를 리드하는 한국 우량기업의 성공 전략

킹피셔

창조경영아카데미 지음

넥서스BIZ

킹피셔(Kingfisher), 새로운 것을 향한 열정

우리는 다양한 책을 통해 수많은 기업의 성공 스토리를 접하고 있다. 현재 경영 부분에서 여러 가지 이론과 다양한 관점의 책이 나오고 있지만 외국 기업의 성공 사례를 담고 있거나 기존의 경영 이론을 재정리한 것이 대부분이다. 필자는 문득 이런 생각이 들었다.

'한국에도 세계 일류기업이 많이 있고, 한국식 경영방식도 분명 존재하는데 왜 우리는 외국의 경영방식에 대한 책을 읽어야 하는 걸까?' 이러한 고민 속에서 집필을 시작하여 출간한 《킹피셔》는 외국에서는 찾아볼 수 없는, 한국 경영에 대한 깊은 통찰을 보여줄 수 있는 단 한 권의 책이다.

한국 기업들의 수출 실적의 호전은 단순히 원화 약세에 따른 가격 경쟁력 때문만이 아니다. 글로벌 수요 회복 초기 단계를 정확하게 파악하고 증산, 투자에 발 빠르게 나섰기 때문이다.

2009년 7월 31일, 일본의 〈니혼게이자이 신문〉에 한국 기업의 우수성에 대한 기사가 실렸다. 그 기사는 '한국식 경영방식이 분명 존재한다'라는 필자의 주장을 뒷받침해줄 만한 근거를 마련해주었다.

유독 일본의 〈니혼게이자이 신문〉만이 우리나라 기업을 호평한 것은 아니다. 지금 전 세계엔 한국 기업들이 비즈니스 분야 전면을 한바탕 휩쓸고 간 흔적이 선명하다. 세계를 뒤흔든 이번 경제 위기를 통해 한국 기업들이 품질과 마케팅 측면에서 세계적으로 경쟁력을 인정받으며 한국 기업의 위상을 전 세계에 완벽하게 각인시켰다.

이렇듯 한국의 기업들이 세계에서 인정을 받게 된 것은 그저 우연한 일일까? 아니면 지난 30년 이상 강한 기업으로서 기초를 든든히 다져온 것이 위기 때 비로소 힘을 발휘한 것일까? 필자는 후자에 더 힘을 실어주고 싶다. 필자는 40년 이상에 걸쳐 한국을 이끌어 나가고 있는 대기업에서 근무한 경험과 한국 경영학 연구에 몰입했던 이론적인 경험을 가지고 있다. 1970년대에 컴퓨터 세일즈맨으로 사회생활을 시작해 컴퓨터 회사인 오리콤에서 근무했고, 1977년에는 삼성전자의 컴퓨터 사업 창설요원으로 입사하여 삼성의 IT 사업이 기초를 다지는 데 일조했다. 그리고 20년 동안 대기업과 벤처기업에서 실무 경험을 쌓았고 나머지 20여 년은 경영컨설턴트, 대학교수, 산업강사를 거치면서 자연스럽게 이론적인 체계를 정리할 수 있었다. 그렇게 오랜 시간 동안 기업의 성공과 실패를 관찰하고 경험했기에 언젠가는 한국 기업의 경영 기법에 대한 경영 종합서를 집필해보고 싶었다.

그 생각이 현실로 나타난 것은 2005년이었다. 그해 주간 경제지인 〈닛케이 비즈니스〉에서 '한류경영(韓流經營)'이란 제목의 특집호를 발간하여 삼성, LG, 현대자동차, SK의 성장 요인과 리더십에 대해 다루었다. 필자는 이 기사를 보고 '일본에서는 한국 기업의 경영 능력을 높이 평가하는데, 막상 우리나라에서는 별다른 관심이 없구나'라는 생각을 하게 되었다. 그때부터 한국의 우량기업에 대한 경영 탐구를 해보자는 생각에 여기저기에서 자료를 수집했다. 그리고 '한국의 우량기업들'이라는 가제로 집필에 들어갔다. 그러나 예기치 못한 일들이 발생했다. 삼성 이건희 회장과 현대자동차 정몽구 회장의 경영권 승계에 문제가 발생한 것이다. 집필을 지속하기에는 한국 경영의 변화가 너무 커 작업을 중단할 수밖에 없었다. 그렇게 작업은 중단했지만 언젠가는 반드시 한국의 우량기업에 대한 책을 완성하겠다는 각오를 다졌다.

몇 년의 시간이 흐른 2009년 7월, 경제지인 〈포춘_Fortune_〉에서 발표한 글로벌 500대 기업에 관한 기사를 보게 되었다. 글로벌 500대 기업 중에 14개의 한국 기업이 포함되어 있었다. 삼성전자, LG전자,

SK, 현대자동차는 100위 안에, 포스코는 200위 안에 포함되어 있는 것이 필자의 눈을 사로잡았다. 4년 전에는 여러 가지 상황으로 인해 한국의 우량기업에 대한 원고를 집필하기에 무리가 있었지만 이렇게 한국 기업들이 선전하는 기사로 접하고 나니 이제 드디어 때가 왔다는 생각이 들었다. 그래서 '포춘 글로벌 500대 기업'에 오른 상위 5개 기업을 한국 우량기업으로 보고 이들 기업의 경영 특징을 분석해보기로 했다. 이제는 한국 기업들도 세계 일류기업의 대열에서 어깨를 나란히 하고 세계 일등제품을 만드는 기업으로 성장했다. 특히나 세계적인 경제 위기 속에서 성장을 하는 우수성을 보였다는 것은 한국형 경영 기법이 그만큼 뛰어나다는 것을 반증한 것이다. 필자는 곧바로 5개 기업의 30년 전부터 현재까지의 변화를 분석하기 시작했다. 30년 전의 경영방식과 지금의 경영방식의 차이가 이들을 우량기업으로 만든 것이기에 이를 체계적으로 정리함으로써 한국형 경영 기법의 모델을 만들어내는 것이 무엇보다 중요했다.

《킹피셔》의 진행을 위한 가설의 모델은 미국 캘리포니아대학 (UCLA)의 윌리엄 오우치 교수가 주장한 'Z 이론'으로 정했다. 오우치 교수는 미국에서 성공한 우량기업들을 연구한 결과, 그 안에서 공통적으로 미국식과 일본식을 결합한 부분을 발견했다. 미국식은 X 이론에, 일본은 Y 이론에 근거를 두고 있다. 이 두 방식의 장점을 결합한 방식이 'Z 이론'이라는 것이다. 1982년에 미국으로 연수를 갔을 때 필자는 처음 이 책을 접하게 되었고, Z 이론이 가장 잘 실행될 수 있는 나라가 바로 한국이라고 생각했다. 그때는 아무도 필자의 생각에 동의하지 않았다. 하지만 27년이 지난 지금, 필자는 그때의 생각이 지금 한국의 우량기업에서 그대로 실현되고 있는 놀라운 현상을 목격했다. 한국식 경영은 미국식 경영 기법과 일본식 경영 기법을 소화하여 한국만의 새로운 경영 기법을 만들어냈다.

대부분의 일본 기업은 종신고용으로 직원을 양성한다. 직원들이 같은 업무를 평생 지속하기 때문에 자신이 맡고 있는 업무에 대한 기술력이 뛰어나다. 반면 리더들의 전략적 판단력과 변화에 대한 수용력이 약하다는 단점을 가지고 있다. 이에 비해 미국 기업의 리더들은 전략적 판단력이 우수한 반면, 직원들의 이직이 심해 회사에 대한 로열티가 약하고 기술력이 부족하다. 하지만 한국은 미국의 장점인 전략력과 일본의 장점인 실행력을 갖춤으로써 더욱 완벽한 한국식 경영인 'K-웨이' 방식을 탄생시켰다. K-웨이 방식은 아날로그 시대에는 별 특징을 나타내지 못했지만, 변화가 빠른 디지털 시대에 이르러 위력을 발휘하기 시작했다. 모든 것이 빠르게 바뀌면서 리더의 전략적 직관력이 필요해졌고, 시장을 선점할 수 있는 기회가 사라지기 전에 빠르게 상품을 만들어내는 실무자의 기술이 요구되었다. 이에 'K-웨이'로 정의되는 한국 기업의 경영방식은 변화가 빠른 디지털 시대에 두각을 보이기 시작했다.

이렇게 세계 시장을 빠른 속도로 잠식해 나가고 있는 한국 기업들을 보면 예리한 판단력과 빠른 실행력을 가지고 사냥에 나서는 물총새가 생각난다. 물총새는 '물고기를 잡는 제왕'이라는 의미로 킹피셔(Kingfisher)라고도 불린다. 킹피셔는 흐르는 물의 속도와 물고기의 흐름을 파악한 후, 놀라운 속도로 물속에 뛰어들어 순간적으로 물고기를 낚고, 재빨리 물에서 빠져나오는 방식의 사냥술을 가지고 있다. 한국의 우량기업들은 끊임없이 변하는 시대의 흐름을 읽는 눈과 누구보다도 빠르게 시장에 진입하여 성과를 내는 힘을 갖추고 있다. 필자는 한국 기업들을 보면 킹피셔가 생각나고, 킹피셔를 보면 한국 기업들이 생각난다. 둘은 참 많이 닮아 있다.

이 책을 통해 새로운 것을 성공시키는 한국 우량기업의 힘을 여러분들에게 그대로 전달해주려 한다. 지금부터 펼쳐질 한국 우량기업들의 경영방식과 필자의 생각들이 변화의 파도를 건너고 있을 세계의 모든 경영자와 직원들, 한국의 많은 독자에게 도움이 되기를 간절히 바란다.

김영한 · 김종원

CONTENTS

1부

세계 경제의 중심으로 부각된
한국 우량기업의 원동력

세계의 중심, 한국 기업

| 국내 기업, 세계 우량기업이 되다

2009년, 100년의 역사를 가진 캐나다의 통신장비 회사 노텔이 몰락했다. 노텔은 스마트폰 '블랙베리'를 만드는 림(리서치 인 모션)과 함께 캐나다 양대 통신기업으로 꼽히던 기업이다. 2000년 IT 붐이 일어난 당시에는 시가총액이 달러·토론토 증시 전체 중 3분의 1인 2,970억 달러, 종업원 수가 9만 5,000여 명에 달했다. 하지만 급격한 경영 악화로 인해 주가가 8센트로 추락했고, 결국에는 몰락하고 말았다. 3년 전 LG전자와 합작으로 LG노텔을 세워 한국에도 진출한 이 거대 기업이 한순간에 몰락해버린 것이다. 이렇듯 지금의 세계 경제는 한마디로 혼란 그 자체다.

미국의 최장수 비즈니스 잡지인 〈포춘〉에서는 매년 기업의 전체 수익과 사업 성격을 고려하여 '미국 500대 기업'과 '글로벌 500대 기업'을 발표하고 있다. 2009년에 발표된 '글로벌 500대 기업' 중 상위 10대 기업에 석유회사가 대부분 랭크(1, 2, 4, 5, 6, 7위)되어 있었다. 세계적인 경기 침체로 석유의 소비량은 줄었지만 기름값이 올랐기 때문에 로얄 더 치셸, 액슨모빌, RP, 셰브런, 토탈, 코노코필립스의 매출이 올랐다. 2008년에 1위였던 월마트가 두 계단 떨어져 3위에 랭크되어 있으며 제조업으로는 유일하게 도요타자동차가 10위에 이름을 올렸다. 놀라운 사실은 이런 혼란 속에서 한국 기업들이 선전을 했다는 것이다. 몇 년 전까지만 해도 까마득해 보였던 글로벌 500대 기업 리스트에 한국 기업이 대거 들어 있으며 그것도 100위 안에 상당수가 포진해 있다. 삼성전자가 40위, LG전자가 69위, SK홀딩스가 72위, 현대자동차가 87위로 100위 안에 포함되어 있고, 포스코가 199위로 200위 안에 이름을 올렸다. 또한 (주)GS가 213위, 한국전력이 367위, 현대중공업이 355위, 한화가 362위, 삼성생명이 367위, 한국가스공사가 438위, 에스오일이 441위, 두산이 471위, 삼성물산이 495위로 500위 안에 들어감으로써 총 14개의 한국 기업이 순위 안에 있었다.

이번 순위에서 눈에 띄는 것은 40위인 삼성전자 앞에 일본 기업이 단 2개(도요타 10위, 일본우편공사 11위)밖에 없다는 점이다. 일본우편공사가 정부기관인 점을 감안하면 실질적으로는 도요타자동차 하나만이 삼성전자 앞에 있는 셈이다. 30년 전만 해도 삼성전자는 TV, 냉장고, 세탁기, VTR을 만드는 기술이 부족해 일본의 NEC, 산요와 합작회사를 만들어 기술을 배워야 했다. 그렇다면 대체 일본 전자산업의 대부격인 파나소닉(과거의 마츠시다)과 첨단 기술의 대명사로 불리던 소니는 어떠할까? 놀랍게도 파나소닉이 79위, 소니가 81위로 69위인 LG전자보다도 순위가 뒤처져 있었다. 87위인 현대자동차도 78위인 BMW와 비교하면 순위 격차가 그리 크지 않다. 이 모든 것이 2009년의 순위다. 미국, 유럽, 일본 회사들이 전체적으로 고전하고 있지만 한국의 기업들은 오히려 불황 속에서 고성장을 하며 놀라울 정도로 큰 이익을 내고 있다. 이러한 것을 바탕으로 2010년의 글로벌 500대 기업의 순위를 예상해보면 한국 기업의 순위는 전체적으로 더 올라갈 것으로 판단된다.

한국 우량기업 '빅 5'의 30년

《킹피셔》를 진행하기 위해 포춘 글로벌 500대 기업을 기준으로 상위 5위를 선정했다. 삼성전자, LG전자, SK홀딩스, 현대자동차, 포스코가 바로 여기에 해당된다. 이들이 어떻게 성장해왔는지 분석하

고, 성장을 가능케 한 경영 요인이 무엇인지를 찾아보기로 했다. 일
단 한국 '빅 5'의 우수성을 탐구하기 전에 이들 기업이 지난 30년
동안 어떤 변화를 겪어왔는지 역사를 돌아보자.

한국 경제는 6·25 전쟁으로 완전히 폐허가 된 상태에서 시작하
여 40~50년 만에 세계 10대 경제대국으로 발전했다. 대부분의 한
국 기업은 정부의 수입규제 정책으로 국내시장에만 안주했다. 하
지만 삼성, 금성, 현대, 대우 등은 적극적으로 해외시장을 개척하며
급격히 성장했다. 30여 년 전 삼성, 금성, 현대는 30~40개의 계열
사로 이루어진 비즈니스 그룹을 형성했다. 삼성그룹에는 삼성물산,
삼성전자, 동방생명, 제일제당, 신세계백화점, 전주제지 등의 회사
가 있었고, 럭키금성그룹에는 전자 부문의 금성사와 화학 부문의
럭키화학을 주축으로 30여 개의 회사가 뭉쳐 있었다. 또한 현대그
룹에는 현대건설, 현대자동차, 현대중공업, 현대상선, 현대엘리베이

터 등의 회사가 있었고, SK그룹에는 섬유와 화학 업종에 여러 회사
가 있었으며 정부로부터 유공을 물려받아 에너지산업을 키워나갔다.
포스코 역시 정부의 지원을 받으며 생산 규모를 늘려갔다.

　지금은 경영자가 설립자가 아닌 경우가 많지만 30년 전에는 대
부분 경영자가 설립자였다. 삼성그룹은 삼성상회의 설립자인 고(故)
이병철 회장이, 현대그룹은 현대건설의 설립자인 정주영 회장이,
럭키금성그룹은 럭키상회의 설립자인 구자경 회장이, SK그룹은 선
경합섬의 설립자인 최종현 회장이, 포항제철은 포항제철의 설립자
인 박태준 회장이 맡았다. 이들의 공통점은 주로 일본에서 교육을
받았거나 일본 기업과 협력하는 방식을 택했다는 것이다. 일본식
경영방식은 우리나라에서도 지속적으로 성장할 수 있는 바탕이 되
었지만 몇 번의 위기를 맞은 경우도 있었다. 이러한 과정을 통해 이
들 '빅 5'도 경영자가 설립자에서 2세로 교체되었다. 따라서 그룹
들의 구성이 바뀌면서 일본식 경영방식은 미국식 경영방식으로 대
체되었다.

　삼성은 고 이병철 회장에서 일본과 미국에서 교육을 받은 이건희
전 회장으로 교체되었고, 그룹사의 구조도 많이 바뀌어 삼성그룹에
서 CJ그룹, 신세계그룹, 한솔그룹, 새한그룹으로 분화되었다. 삼성
그룹에는 삼성물산, 삼성전자, 삼성생명(동방생명), 삼성화재(안국화
재) 등이 남고 제일제당을 주축으로 식품계열이 CJ그룹으로 분리되
었다. 신세계백화점을 주축으로 유통계열이 신세계그룹으로, 전주

제지를 주축으로 제지 부문이 한솔그룹으로, 제일합섬을 주축으로 합섬 부문이 새한그룹으로 독립되었다. 이 중 새한그룹은 새한미디어와 제일합섬으로 형성되었으나 경영 미숙으로 파산했다. 한솔그룹은 이동통신사업에 참여하기 위해 한솔텔레콤을 세워 도전했으나 사업 실패로 그룹사가 해체되는 상황을 맞기도 했다.

럭키금성그룹은 구자경 회장에서 구본무 회장으로 교체되고 LG그룹으로 새롭게 탄생하게 되었다. 그 후 LG건설과 LG유통을 중심으로 GS그룹이 분리되었고 LG산전을 중심으로 LS그룹이 분리되었으며, LG화재는 별도 회사인 LIG화재로 독립했다.

현대그룹은 '빅 5' 기업 중 가장 큰 변화를 겪었다. 30년 전 국내 최대 그룹이었던 현대는 설립자인 정주영 회장의 사망 이후 세 부문으로 분리되었다. 현대건설은 독립을 하고 현대전자는 정몽헌 회장이, 현대자동차는 정몽구 회장이 맡게 되었다. 현대자동차는 승승장구하며 기아자동차를 인수하여 현대자동차그룹을 이루게 되었다. 하지만 IMF를 겪으면서 현대그룹은 경영 위기를 맞게 되었고 현대건설은 은행에서 관리하는 상태에 이르렀다.

SK그룹은 최종현 회장에서 최태원 회장으로 교체되고 정부로부터 한국이동통신㈜을 인수하여 SK텔레콤을 출범시켰다. SK그룹은 화학회사에서 정유회사로, 그 후 다시 텔레콤 회사로 변신을 하며 발전했다.

포스코는 박태준 회장이 퇴진을 한 이후 전문 경영인 체제로 바뀌었고 정부 소유에서 민영화가 되면서 회사 이름을 포항제철에서 포스코로 변경하고 제철 사업뿐 아니라 건설과 IT사업을 보강하여 기업 문화를 바꾸고 기술력을 높였다.

한국의 우량기업과 함께한 30년의 경험

필자는 1977년에 삼성전자의 컴퓨터 개발실에 입사했다. 1970년대의 삼성전자는 주로 흑백 TV를 만들었고, 컬러 TV를 개발하기 위해 연구를 하는 상태였다. 지금의 삼성전자는 국내 최고의 전자회사지만 그 당시에는 금성사(지금의 LG전자)가 국내 최고의 위치에 있었다. 금성사는 '골드스타(Goldstar)'라는 브랜드로 막강한 위력을 발휘하고 있었다.

고 이병철 회장은 금성사를 따라잡고 최고의 위치에 오르기 위해 엄청난 노력을 기울였다. 삼성은 수원에 40만 평 부지를 전자공장으로 가득 채우겠다는 포부로 전자산업을 시작했다. 하지만 금성사의 벽은 너무 높았다. 일본의 산요(Sanyo)나 NEC에게 부족한 기술을 배우고 일본의 부품을 들여와 TV, 냉장고, 세탁기를 생산하며 시장을 장악하려 했다. 하지만 품질만 좋다고 판매가 되는 것은 아니었다. 이미 시장을 선점한 골드스타의 브랜드 인지도는 너무나도 건실했다. 축적된 판매망이 금성사에 비해 비교가 되지 않았기에 1위는커녕 2위 자리도 지켜내기 힘겨웠다. 당시 국내 3위의 가전회사였던 대한전선은 TV는 다소 열세였지만 냉장고로 삼성전자를 압박하며 2위 자리를 차지하기 위해 열을 올리고 있는 상황이었다.

삼성전자의 모든 임직원이 가전제품으로 금성사를 이기기 위해 힘겨운 싸움을 계속하고 있었을 때. 이병철 회장의 사위인 정재은 이사는 이러한 주장을 했다.

"우리가 집중해야 할 것은 가전제품이 아니라 미래 사업인 컴퓨터 사업입니다."

미국 컬럼비아대학에서 석사학위를 딴 그는 컴퓨터 사업에 관심이 많아 컴퓨터 개발실을 만들고 휴렛팩커드(HP) 컴퓨터의 국내 판매 사업을 시작한 사람이다. 그의 주장으로 삼성에서 컴퓨터 사업이 시작되었다. 그 당시에는 컴퓨터 사업에 경험이 있는 사람이 그다지 많지 않았다. 그때 필자가 영업과장으로 특채되어 입사를 했다. 지금은 세계 최고의 컴퓨터를 만들고 있는 삼성전자이지만 30여 년 전의 모습은 너무나 초라했다. 수원 공장에 가보니 넓은 땅에 2, 3층짜리 건물이 드문드문 세워져 있었고 일부 건물은 군대 막사처럼 보잘것없었다. 그러한 상황 속에서 삼성의 컴퓨터 사업을 위해 모인 사람은 고작 7명뿐이었다.

그렇게 사업이 시작되었다. 전자제품을 만들어 본 경험이 없어 초기에는 품질 불량도 많이 발생했다. 따라서 판매가 부진했고, 결

국 모든 사원이 일정량을 판매해야 하는 사내 캠페인에 참여해야
했다. 영업을 해야 하는 나도 본연의 일을 제쳐두고 전자제품 판매
를 위해 길거리로 나서야 했다. 그러한 현실 때문에 컴퓨터 사업을
시작했을 당시에는 모든 역량이 집중되지 못했다. 하지만 1970년
대 후반부터 고 이병철 회장은 삼성의 미래는 첨단 산업에 달렸다
고 판단하고 반도체, 통신, 컴퓨터에 관심을 가지기 시작했다. 일본
에서 반도체 사업의 가능성을 보고 미국으로 가 GE와 HP의 경영
진들을 만나며 사업의 기초를 다졌다. 그 당시 필자는 컴퓨터 사업
부문의 기획과장이라는 중요한 직책을 맡고 있었기 때문에 하루가
멀다 하고 비서실에 불려 다녀야 했다. 고 이병철 회장은 매주 반도
체, 통신, 컴퓨터 사업의 경영자들에게 사업 계획을 보고받았다. 그
는 정말 전력을 다해 사업을 추진했다.

1983년에 삼성전자는 HP와 합작회사를 만들게 되었고, 필자는
삼성HP의 마케팅 실장으로 자리를 옮겼다. 고 이병철 회장은 합작
회사를 만들면서 직원들에게 다음과 같이 지시했다.

"삼성전자는 TV나 냉장고를 잘 만들고 잘 팔지는 모르지만 컴퓨
터 같은 첨단 제품은 만들지도, 팔아본 경험도 없다. 그래서 첨단
산업을 어떻게 경영해야 하는지를 배우기 위해 HP와 합작을 한 것
이다. 어항에 있는 금붕어를 보듯 그들이 어떻게 경영을 하는지 제
대로 살피고 배워라."

HP와 합작회사를 만든 이후 삼성은 GE와 의료기 사업을 합작으

로 추진하였으며, IBM과도 소프트웨어 사업 분야의 합작회사를 운영했다. 기술력이 부족한 상태에서 미래의 삼성을 책임질 첨단 산업을 키우기 위해 세계 초일류 회사들과 합작을 해 그들의 경영과 첨단 기술을 배우며 내실을 다진 것이다.

우량기업의 탐구

미국 우량기업의 탐구

초우량기업의 탐구(In Search of Excellence)

지난 20년 동안 세계에서 영향력을 가장 많이 발휘한 경영 서적은 단연 1982년에 톰 피터스와 워터맨에 의해 집필된《초우량기업의 조건*In Search of Excellence: Lessons from America's Bestrun Companies*》이다. 이 책은《킹피셔》의 효시가 되었다. 한 권의 책으로 톰 피터스는 세계적인 경영학자로 떠올랐고, 책은 미국 내에서만 7백만 부가 판매되어 경영 서적의 바이블이 되었다. 톰 피터스는 이 책을 집필하기 위해 맥킨지에서 안식년 휴가를 받고, 스탠퍼드대학에서 2년 동안 강의를 하며 자료를 정리했다. 그는 초우량기업에 대해 집필하기 위해 미국의 첨단 기술 산업, 소비재 산업, 일반 제조업, 서비스 산업, 프로젝트 엔지니어링, 자원 관련 산업 부분에서 두각을 보이고 있는 62개 기업을 선정했다. 그는 기업을 선정할 때 성장의 크기, 장기적 자산 형성 실적, 수익률 등을 참조했다. 그렇게 선정된 62개 기업에 초우량(Excellence)이라는 이름을 붙이고 이들 기업의 경영 특성을 분석했다. 그 후 톰 피터스와 워터맨은 초우량기업들의 경영 분석을 위해 다음과 같은 맥킨지의 '7S' 모델을 이용했다.

- 전략(Strategy)
- 구조(Structure)
- 스타일(Style)
- 시스템(System)
- 기술(Skill)
- 인력(Staff)
- 공유가치(Shared Value)

다각적인 분석을 마친 저자들은 '성공한 기업은 평범한 기업과는 차별되는 특별한 특성을 가지고 있는 것이 아니라, 같은 활동이라 하더라도 전혀 다르게 행동하고 있다'라는 결론을 내렸다. 그리고 그러한 특성을 '초우량기업의 8가지 조건'으로 정리했다.

- ● 철저하게 실행하라

- ● 고객에게 밀착하라

- ● 자율성과 기업가 정신을 가져라

- ● 사람을 통해 생산성을 높여라

- ● 가치에 근거해 실천하라

- ● 핵심 사업에 집중하라

- ● 조직을 단순화하라

- ● 엄격함과 온건함을 지녀라

《초우량기업의 조건》이 출간되었을 때 〈월스트리트 저널*Wall Street Journal*〉과 〈포춘〉은 찬사를 보낸 반면, 〈뉴욕 타임스*The New York Times*〉 〈하버드 비즈니스 리뷰*Harvard Business Review*〉 〈LA타임스〉는 악평을 하며 상반된 평가를 했다. 이 책이 출간된 지 2년 후에 〈비즈니스 위크〉는 '앗! 이럴 수가'라는 제목으로 《초우량기업의 조건》에 선정된 기업이 초우량기업이 아니라는 기사를 내보냈다. 이 책에서 선정한 초우량기업 중 4분의 1이 경영에 어려움을 겪고 있기 때문에 책을 신뢰할 수 없다는 것이었다.

위대한 기업으로 (Good to Great)

《초우량기업의 조건》이 1980~90년대를 대표하는 우량기업 탐구 책이라면 2000년대를 대표하는 책은 《위대한 기업으로*Good to Great*》이다. 2001년에 짐 콜린스와 그의 연구원들이 5년이란 시간 동안 조사하고 분석하여 집필한 책이다. 2천 페이지에 달하는 인터뷰 자료와 6천 건의 논문 조사, 3억 8천만 바이트의 데이터를 분석하여 1만 5천 시간을 투자해 연구한 결과를 책으로 엮은 것이다. 일단 1965년부터 1995년까지 미국 최고의 기업 1,435개를 대상으로 조사와 심사를 하여 수익률이 우수한 다음의 11개 회사를 선정했다.

아비트, 서킷 시티, 패니 마이, 질레트, 킴벌리 클라크, 웰스파고, 크로커, 뉴커, 필립 모리스, 피트니 보스, 웰 그린스

저자는 위의 11개 기업이 좋은 기업에서 위대한 기업으로 도약했다고 정의하고, 이들 기업이 보통 기업과 어떤 차이가 있는지 분석했다. 연구팀은 위대한 기업군과 좋은 기업에서 위대한 기업으로의 도약에 실패한 기업군을 비교하여 신입사원과 경영진의 보수, 경영전략과 기업 문화, 해고와 리더십 스타일, 재무재표, 인사 이동 등 기업 활동의 다양한 부분을 분석했다. 그리고 다음과 같은 결론을 내렸다.

위대한 기업의 특징은 첫째, 규율이 있는 사람이다. 위대한 기업의 리더들은 일보다 사람을 우선시하기 때문에 무엇을 할 것인지보다는 어떤 사람을 고용할 것인지를 먼저 고민한다. 둘째, 규율이 있는 사고다. 위대한 기업은 냉혹한 현실을 직시하고 고슴도치 콘셉트를 중시한다. 고슴도치는 복잡한 세계의 것들을 한데 모아 단 하나의 체계적인 개념이나 기본 원리로 단순화시킨다. 이렇듯 위대한 기업은 경제성을 가진 일에 열정을 가지고 몰두하며 그 외의 것은는 거들떠보지도 않는다. 그로 인해 이익을 좌우하는 핵심 변수를 발견하고 이를 집중적으로 관리하는 데 총력을 기울일 수 있다. 마지막 셋째는 규율 있는 행동이다. 위대한 회사는 규율과 문화를 동시에 가지고 있다. 위대한 기업은 고슴도치 콘셉트를 일관되게 지키고 그 원칙을 조직문화에 체계화시킨다.

이들 3가지 요소가 리더십 5단계를 거쳐서 성장한다.

- 일보다 사람을 우선시한다
- 냉혹한 현실을 직시하라
- 고슴도치 콘셉트
- 규율의 문화
- 기술 가속페달

이를 도표로 표시하면 다음과 같다.

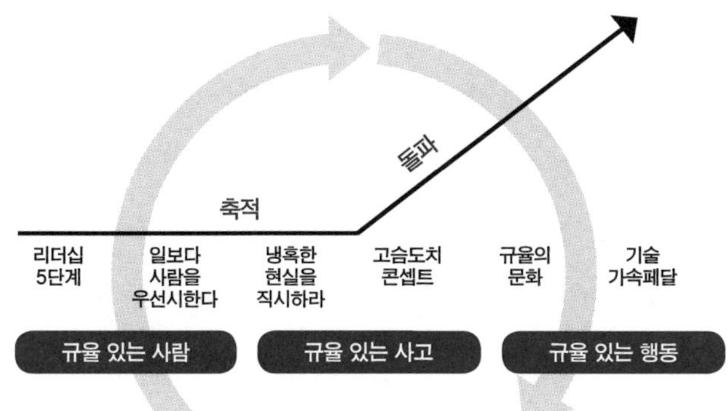

자료: 《위대한 기업으로*Good to Great*》

많은 사람이 《위대한 기업으로》라는 책을 보았지만 시간이 지난 지금, 이 책이 선정한 위대한 기업들은 대부분 성장을 멈춘 상태다. 미국 기업만을 대상으로 과거의 재무적 성과가 좋은 회사만을 선정하여 미래의 성장 가능성을 고려하지 않았기 때문이다. 그로 인해 위대한 기업으로 선정된 기업은 '2009년 포춘 글로벌 500대 기업' 목록에서 찾아보기 힘들다.

한국 우량기업의 탐구

필자가 이 책을 집필하면서 우량기업을 선정한 방법은 톰 피터스나 짐 콜린스가 실행했던 방법보다 상대적으로 쉬웠다. 그들은 방대한 과거 자료를 분석하여 초우량기업과 위대한 기업을 선정했지만 필자는 2009년에 발표한 포춘 글로벌 500대 기업에서 200위 안에 있는 한국 기업 5개 기업(삼성전자, LG전자, 현대자동차, SK홀딩스, 포스코)을 선정했다. 이 기업들은 해외에서도 인정받고 있는 확실한 우량기업이다. 필자는 이들 5개 기업의 우수성을 입증하기 위해 맥킨지의 '7S' 모델을 이용했다. 이들 기업의 30년 전과 지금의 경영방식을 '7S'로 분석하니 달라진 점이 한눈에 들어왔다.

톰 피터스와 짐 콜린스가 분석한 방법은 초우량기업과 보통기업의 차이점이 무엇인가를 찾아내는 것이었다. 그러나 필자는 동일 기업의 과거와 현재 사이에 어떤 변화를 꾀했는가를 분석함으로써 정성적(定性的)인 요인을 찾아내고자 했다. 또한 '빅 5'가 가지고 있는 공통적인 특성을 '이론적으로 정리할 수 있는가'에 대해서도 연구해보기로 했다. 이를 위해 이들 5개 기업의 30년 전 자료를 모으고 분석했다. 30년 전에 삼성전자에서 근무했던 경험과 지난 20년 동안 한국 우량기업들을 컨설팅하고 강의하면서 얻은 정성적 자료를 총동원하여 넓고 깊게 연구했다.

필자는 10년 동안 삼성전자에서 근무하면서 신세계백화점의 정재은 회장, 삼성전자의 윤종용 부회장, 삼성종합기술원의 손욱 원장 등 한국의 경영을 이끌고 있는 경영인과 같은 팀에서 일할 수 있었기 때문에 한국의 경영에 대해 누구보다도 정확하고 깊은 진단을 내릴 수 있다고 생각했다. 그리고 컨설팅을 하면서 한국 우량기

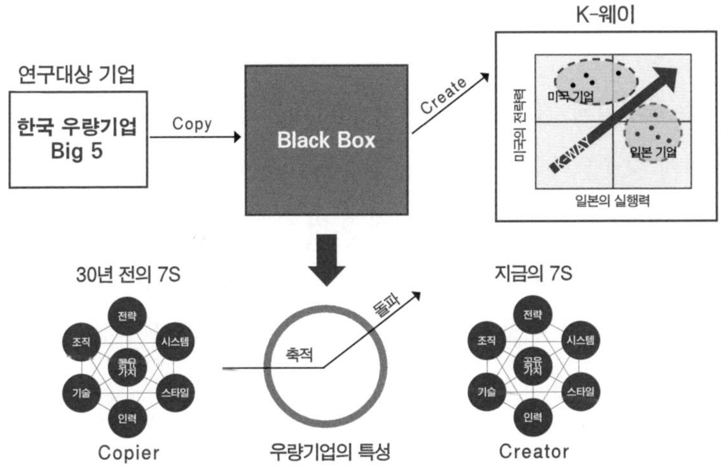

업인 SK그룹의 최태원 회장, SK건설의 윤석경 부회장, SK텔레콤의 정만원 사장, LG이노텍의 허영호 사장, LG CNS의 신재철 사장, 포스코의 김만재 전(前) 회장, 현대백화점 김영일 전 사장, 삼성모바일디스플레이의 강호문 사장, 삼성전자의 이현봉 전 사장, 삼성전기의 이형도 전 사장, 삼성SDS의 김홍기 전 사장을 만나보면서 그들의 살아 있는 경영 기법을 학습할 기회도 있었다. 세월과 지식으로 얻을 수 있었던 정량적인 자료와 경험을 모아 이번 작업을 진행했다.

맥킨지 '7S'로 본 경영방식

우량기업의 경영방식은 전략적인 대응력과 실무적인 실행력을 동시에 갖추도록 한다. 전략적 실행력을 갖추면 시간이 흐른 뒤 변화에 대응하는 것이 아니라 사전 준비 혹은 즉각적 대응이 가능하다. 한국의 경영방식을 맥킨지의 7S 모델로 분석하면서 각 요소마다 기본 원칙이 무엇인지, 핵심적인 사항이 무엇인지를 다음과 같이 정리해보았다.

1. Strategy (미래 준비 전략)

 **전략은 환경 변화에 선행한다**

- 사업 부문별로 중장기 전략에 의거하여 단계적인 사업 계획을 마련한다

- 글로벌 경영 체제를 빠르게 파악하고 어떤 방법으로 경쟁 우위를 확보할 것인가를 연구한다

- 사업 포트폴리오 전략을 짜 매출과 이익 확보의 리스크에 대비한다

- 미래의 수종사업(樹種事業)을 찾아 준비하고 투자한다

2. Structure (책임 구조)

 **조직 구조를 단순화하여 실행력을 갖춘다**

- 톱다운과 버텀업의 커뮤니케이션이 잘 이루어질 수 있는 구조를 만든다

자료: 〈맥킨지〉

● 조직의 집중화와 분권화를 동시에 추구할 수 있도록 한다

● 표준화된 업무의 지속적인 개선을 현업에 위임한다

● 냉정한 반성과 지속적인 개선을 통해 학습 조직을 만든다

● 외부 비즈니스 파트너를 존중하고 비즈니스의 연장으로 그들을 대우한다

3. Style (리더십 스타일)

 **리더는 새로운 방향을 제시하고 변화를 유도한다**

● 자율적인 기업가 정신을 키운다

● 장기적 관점에서 회사 철학에 근거한 의사결정을 한다

● 시대와 시장의 변화를 파악하여 새로운 변화의 방향을 제시한다

● 현업을 철저히 이해하고 철학을 가지고 살며 다른 직원에게 그것을 교육

시키는 리더를 육성한다

● 좋은 리더는 일상적인 과제를 세밀히 이해하면서 직원들에게 회사 철학의

멘토가 된다

4. System (글로벌 스탠더드)

 **빠르게 시스템을 구축한다**

● 글로벌 스탠더드가 실행될 수 있도록 IT 시스템을 구축한다

● 문제를 표면에 드러내기 위한 시스템을 만든다

● 문제가 곧바로 드러날 수 있도록 프로세스와 사람을 연결하고 물건과 정

보의 흐름을 빠르게 한다

● 문제를 빠르게 해결할 수 있는 조직 지원 시스템을 구축한다

5. Skill (기술 중시)

 **첨단 기술로 승부한다**

● 고객을 위한 가치를 만들어낼 수 있는 기술을 개발한다

● 이용 가능한 모든 최신의 품질 개선 방식을 사용한다

● 신기술 개발을 지원하고 개발된 기술은 신속히 실행에 옮긴다

● 품질과 생산성 향상을 위해 팀 활동을 하고 어려운 기술적인 문제를 해결

해나간다

6. Staff (인재 양성)

 **변화를 선도하는 인재를 키운다**

- 능력 위주로 사람을 리크루팅한다

- 신입사원을 선발하여 학습을 통해 능력을 향상시킨다

- 공통의 목표를 향해 함께 팀으로 일하는 방식을 가르친다

- 근본의 문제를 지속적으로 해결하는 학습 조직을 만든다

7. Shared Value (공유가치)

 **엄격함과 온화함이 공존한다**

- 회사 가치와 신념을 널리 공유하고 장기적으로 유지될 수 있는 안정적인 문화를 만든다

- 전 사원에게 회사의 가치와 신념에 대해 빠르게 커뮤니케이션한다

- 업(業)의 개념에 입각한 사업 전개가 되도록 한다

- 문화와 복지 사업을 통해 직원의 행복 추구를 지원한다

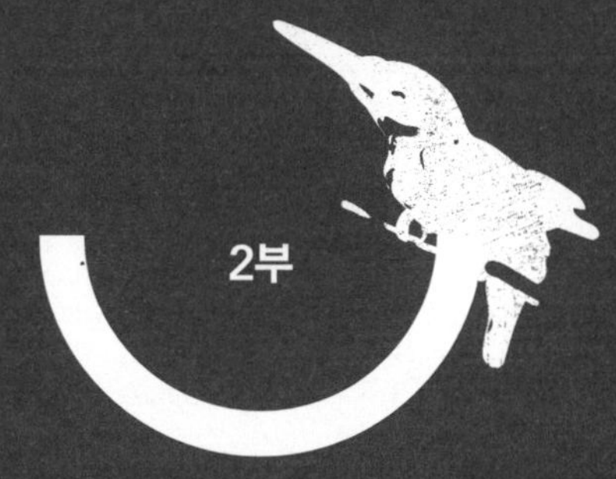

2부

한국 우량기업,
30년 전으로

관리형 전략

도쿄 구상과 일본식 전략을 배워라

삼성의 초기 사업은 대부분 소비재의 수입 대체품이었고, 설탕이나 가전 사업을 시작할 때는 일본에 있는 제품을 모방해서 만드는 수준에 머물렀다. 그래서 고 이병철 회장은 매년 연말이면 한 달 정도 일본으로 가 새로운 사업을 구상했다. 연말연시에는 일본 산업에 대한 1년 평가와 새해 전망에 대한 자료가 쏟아져 나오기 때문에 그는 신문, 방송 등의 매체에 집중했고 재계, 언론계, 학계의 전문가들을 만나 정보를 수집했다. 이른바 '도쿄 구상'을 통해 사업 방향을 잡고 경영방식을 학습하며 삼성의 기본을 다진 것이다. 그의 도쿄 구상은 나름대로 정해진 규칙을 가지고 진행되었다.

그 1단계가 바로 기초 자료 수집이다. 일본의 여러 방송 매체가 기획한 특별 프로그램 중에서 경제활동에 관한 결산과 다음 해 전망에 대한 프로그램을 시청하며 일본의 저명한 석학과 저널리스트들의 견해와 전망을 놓치지 않기 위해 꾸준히 메모를 했다.

2단계는 저널리스트들과의 면담이다. 그는 일본 업계에 대해 많은 정보를 가진 경제 담당 기자를 초대해 이야기를 나눴다 여러 사람을 한꺼번에 만나는 것이 아니라 한 번에 한 사람씩 만나 '지난해 실적이 우수한 업종이 무엇이었고, 내년에는 어떤 업종이 새롭게 부상할 것인지'에 대한 견해를 들었다.

3단계는 전문가 면담이다. 기자들을 통해 어느 정도 일본 경제의 흐름을 파악한 후, 스스로 관심이 있는 분야를 선택해 그 분야의 대학 교수나 전문가를 만나 기업들의 동향에 대해 들었다. 어느 기업이 얼마나 잘되고, 왜 잘되는지, 무엇 때문에 잘되는지 등 평소 가지고 있던 의문을 풀기 위해 끊임없이 질문을 쏟아냈다. 기자와는 달리 학자나 전문가들은 자신의 견해를 거리낌 없이 이야기하는 경향이 있기 때문에 고 이병철 회장은 그들의 생각을 들으며 일본의 경제 상황을 객관적으로 파악할 수 있었다.

4단계는 사업가를 초청하는 것이다. 충분히 정보를 파악한 후 자신이 궁금한 분야에서 이름이 알려진 사업가를 초청했다. 고 이병철 회장은 친분이 두터운 사람이 많아 원하는 사업가를 초청하는 것이 그리 어렵지 않았다. 사업가들은 실무 경험이 있어 구체적인 사항까지 속속들이 알고 있기 때문에 사업가들을 만나 관심이 있는 업종이나 회사에 대해 하나하나 자세히 물어보면 좋은 정보를 얻을 수 있었다.

5단계는 새로운 사업의 구상이다. 4단계에 걸쳐 전망, 기술, 경영, 제도, 일본 회사들의 상황이 파악되면 새로운 사업에 대한 큰 그림을 그리고 국내 비서실에 연락을 하여 사업 계획을 구상할 것을 지시했다.

6단계는 사업에 대한 구상을 진전시키는 것이다. 고 이병철 회장은 귀국하는 즉시 자신이 직접 작성한 유망 업종 리스트를 비서실에 건네고 국내 상황에 적절한지 타당성을 검토하고 사업 계획을 구상할 것을 지시했다. 계획이 완료되고 본격적으로 사업이 착수되면 설립 요원을 선발하여 전원 일본으로 연수를 보냈다. 앞으로 진행하게 될 사업에 대한 기술, 생산방식을 학습하게 했고 필요한 주요 설비나 부품을 일본에서 도입했다. 사업 초기에는 기술 개발과 생산기술이 미숙한 터라 일본인 전문가를 고문으로 초빙해 직원들을 현장에서 학습하게 하며 기술력과 생산력을 키우게 만들었다.

이렇게 전 과정을 일본에서 보고, 듣고, 배우는 학습을 거듭하다 보니 삼성은 '리틀 재팬(Little Japan)'이라 불릴 정도로 일본 기업과 닮은 점이 많았다.

제조업으로 성장의 기회를 잡아라

삼성은 소비제품의 국산화를 위해 제일모직, 제일제당, 삼성전자 등의 회사를 만들어 제조업을 키워나갔다. 금성사와 럭키도 삼성과 비슷하게 가전제품과 생활용품 위주의 회사를 만들며 제조업을 강화시켰다. 현대도 마찬가지로 현대건설, 현대자동차, 현대중공업 등의 기계와 중공업 위주의 제조업으로 성장해나갔다. 삼성, 럭키금성, 현대가 제조업 위주로 사세를 확장한 것은 설립자의 '기술 중시, 가치 생산'이라는 기업가 정신 때문이었다. 제조업은 기술만 가지고 있으면 어떤 사업보다도 회사의 규모를 빠르게 키울 수 있고 수월하게 세계시장으로 수출할 수 있다는 장점이 있었다.

새로운 사업을 시작하기 위한 구상에 몰두하던 고 이병철 회장은 수원에 내려가 넓게 펼쳐진 사막과도 같은 벌판을 바라보며 '여기 보이는 60만 평의 땅을 사서 앞으로 전자제품 생산공장으로 가득 채워지게 할 것'이라고 다짐했던 40년 전을 떠올렸다. 그 당시 삼성이 주력하는 업종은 전자제품이 아니었기 때문에 그의 생각에 수긍하는 사람은 많지 않았다. 그러나 20년이 채 지나지 않아 그 넓은 땅은 전자제품을 만드는 공장으로 채워졌다. 그 모습을 지켜보던 고 이병철 회장은 기흥을 방문하여 30만 평 정도의 부지에 반도체 공장을 지을 것이라고 말하며 새로운 사업을 구상했다. 그 후 얼마 지나지 않아 그 부지는 반도체 공장으로 채워졌고, 나중에는 인근에 있는 천안에도 공장을 지어야 할 정도로 사업이 확장되었다.

이번에는 현대자동차의 사례를 들어보도록 하겠다. 자동차에는 3만 개의 부품이 들어가기 때문에 자동차 산업은 그 나라의 기술력을 상징할 뿐 아니라 국가 이미지와 경제 수준을 보여주는 대표적인 '아이콘'이다. 여러 가지 어려움으로 인해 세계적으로 자동차를 자체 생산하는 나라는 많지 않다. 세계 최고 품질의 자동차를 생산하는 현대자동차 역시 처음에는 엄청난 시행착오를 겪었다. 자동차 산업을 시작했지만 설립 초기에는 기술이 전혀 없었기에 단순히 미국의 포드자동차를 수입해서 판매하는 정도였다.

그렇다면 오늘날은 어떠한가. 세계 6위의 자동차 회사로 당당히 성장해 세계 방방곡곡을 누비며 달리고 있지 않은가. 33년 전에 포니 7대 수출로 미약하게 해외 진출을 시작한 현대자동차가 글로벌 금융위기를 극복하는 과정에서 과거에는 없던 최고의 도약기를 맞고 있다. 자동차 왕국인 미국시장에서 현대자동차의 점유율은 1998년엔 0.9%에 불과했지만 2009년엔 4.8%에 육박할 것으로 보이며 내년 점유율은 5%도 무난할 전망이다. 아마도 기아차 점유율까지 합치면 내년 미국 내 점유율은 8%를 육박할 것으로 예상된다. 무서운 성장 속도가 아닐 수 없다. 2005년 도요타의 미국 내 최고 운영자인 짐 프레스는 미국시장을 위협하는 중국 자동차에 대한 질문에 이렇게 답하며 현대자동차의 성장을 언급했다.

"백미러에 보이는 것은 현대와 한국인뿐이다. 그들은 많은 것을 배웠고 우리에게 가깝게 다가오고 있다."

짐 프레스의 말을 들은 당시에는 그 정도만으로도 감동을 받고 현대자동차의 위상이 대단하다고 생각했지만 이제 상황은 달라졌다. 현대자동차가 도요타나 미국의 자동차의 백미러에 보이는 것이 아니라 현대자동차의 백미러에 도요타나 미국의 자동차들이 보이는 상황이 된 것이다.

포항제철도 포항 앞바다를 메워 철강공장을 짓고 제조업을 바탕으로 성장했다. 처음에는 국내 공급이 전부였지만 회사 이름을 포스코로 바꾼 후 해외에도 철강공장을 건설하고 수출을 하는 등 세계적인 철강회사로 성장했다. 포스코는 꾸준하게 해외 철강 가공센터(SCM)를 확대하며 글로벌 네트워크를 다지고 세계적인 철강회사로 입지를 굳히고 있다. 2009년 4월에는 인도와 태국에 각각 12만 톤 규모의 가공센터를 준공했다. 이에 따라 포스코의 글로벌 가공센터는 현재 12개국, 39개로 늘어났다. 여기에 일본 나고야를 비롯한 두 곳의 가공센터가 연말에 준공을 기다리고 있어 포스코의 가공센터는 40여 개를 훌쩍 넘어설 전망이다. 앞으로도 해외 가공센터를 50개 이상으로 늘릴 계획을 가지고 있기에 세계적인 철강회사로 우뚝 선 포스코의 성장은 멈추지 않을 것으로 보인다.

목표와 전략을 1등에 포커싱하라

초창기 삼성그룹 내 계열사의 이름 중에는 '삼성' 다음으로 '제일'이라는 이름이 가장 많았다. 제일제당, 제일모직, 제일합섬, 제일기획이 그 예다. 이는 삼성이 항상 '제일'을 추구하기 때문이다. 그러한 이유에서인지 삼성은 이미 거둔 성공에 만족하며 나태해지지 않고 끊임없이 승부욕을 불태우고 있다. '제일'을 목표로 하는 사람에게는 꾸준한 세부 전략과 배움이 필요하다. 기업조직에서는 이모든 단계에서 통찰력 있는 지도자의 지시와 꼼꼼함이 필요하다. 이건희 전 회장이 골프를 빗대어 삼성 경영진에게 던진 이야기가 있다.

"드라이버샷으로 180야드 나가는 사람이 원포인트 레슨 수준의 코치를 받아 200야드를 보내기는 쉽다. 더 배우면 220야드도 보낼 수 있다. 그러나 250야드 이상을 보내려면 그립 잡는 법부터 스탠스 등 모든 것을 바꿔야 한다."

세계적 초일류기업과의 미세한 기술 차이를 이러한 자세를 통해 극복하라고 당부한 말이다. 이건희 전 회장은 이렇듯 '제일', 즉 월드 베스트 상품을 만들 것을 집요하게 주문했다.

휴대폰 사업은 이러한 초일류 정신의 산물이다. 지난 1983년, 휴대폰 사업을 시작한 삼성은 초기 10년 동안 수많은 난관에 봉착하고 고전을 면치 못했다. 사업 초창기엔 세계시장은 고사하고 국내

시장에서도 이동통신기기 선발업체였던 모토로라의 벽을 넘을 수 없었다. 이에 이건희 전 회장은 특명을 내렸다.

"돈은 얼마든지 써도 좋으니 수단과 방법을 가리지 말고 모토로라 수준의 제품을 내놔라."

그로 인해 탄생한 제품이 현재 가장 강력한 브랜드 파워를 자랑하는 SCH770, 애니콜이다. 하지만 1995년, 시판에 들어간 휴대폰에 문제가 발생하는 일이 생겼다. 제품에 불량이 있다는 보고를 받은 이건희 전 회장은 즉각 모델 전체를 회수할 것을 지시했다. 이로 인해 고객들에게 15만 대를 새 제품으로 교환해주거나 회수했다.

삼성전자가 월드 베스트 제품을 앞세워 세계적 IT기업으로 발돋움한 것에는 이건희 전 회장의 '비교전시 경영학'이 큰 기여를 했다. 벤치마킹 대상을 제품별로 설정하고 삼성이 만든 제품과 선진 회사 제품을 항상 비교전시하면서 삼성 제품의 현주소를 파악했다. 선진 제품을 따라잡을 스케줄을 짜는 것이 최고경영자들의 과제가 되었다. 비교는 상대방을 이기기 위해 장기적 전략을 세우는 단계에서 필수적인 요소다. 단, '비교전시 경영학'에는 선진 제품을 배우기는 하되 모방하지 말라는 전제가 깔려 있었다.

목숨 걸고 품질을 개선하라

이건희 전 회장은 1993년 6월 7일, 독일 프랑크푸르트로 전 임원을 소집해 '양(量) 위주 경영'에서 '질(質) 위주 경영'으로 경영원칙 전환을 선언했다. 발전 속도가 빠른 시기에 핵심인재를 확보하여 미래 사업 투자를 가속화한다는 구상이었다.

"앞으로의 시대는 천재 한 명이 천 명, 만 명을 먹여 살린다."

이는 이건희 전 회장의 철학이 묻어 있는 선언이었다.

최고의 품질을 강조하는 삼성의 기업 철학을 엿볼 수 있는 대표적인 사건이 '질 위주 경영' 선언 이후 2년 만에 발생했다. 1995년 3월 9일 오전 10시, 삼성전자 구미사업장 운동장에 2,000여 명의 직원이 사업부별로 줄지어 서 있었다. '품질 확보'라고 적힌 머리띠를 두른 비장한 모습이었다. 직원들 앞에는 '품질은 나의 인격이요, 자존심!'이라는 대형 현수막이 걸려 있었고, 그 아래로 굳은 표정의 임원들이 철제의자에 앉아 있었다. 그들이 지켜보고 있던 것은 해머를 들고 있는 10여 명의 현장 근로자였다. 그들 앞에는 무선전화기를 포함해 키폰, 팩시밀리, 휴대폰 등 15만 대의 제품이 산더미처럼 쌓여 있었다. 돈으로 따지면 무려 500억 원어치에 달하는 어마어마한 양이었다. 하지만 모두 함량 미달의 불량제품이었다. 그때 해머질의 시작을 알리는 신호가 울렸고 근로자 한 명이 해머질을 시작하자 다른 근로자들도 불량제품을 부수기 시작했다. 파편이 튀는 소리가 운동장 전체에 울려 퍼졌다. 잠시 후 해머질이 끝나고 널브러진 조각들은 시뻘건 불구덩이 속으로 던져졌다. '불량제품 화형식'이 치러진 것이다. 그 모습을 지켜보고 있던 직원들은 하나같이 만감이 교차하는 모습이었다. 수십 번의 공정을 거치며 땀과 정성이 깃든 제품이었지만 '질 경영'을 실시하고 있는 삼성전자에서는 태어나지 말았어야 하는 불량제품이었고, 회사를 죽이는 존재였다.

이는 말로만 떠드는 '질 경영'이 아니 실제 현장에서 강력하게 실현되는 경영 의지를 상징하는 사건이었다. 이 사건을 필두로 사내방송 SBC로 하여금 '카메라 출동' 식의 기습 현장 취재로 불량품을 고발토록 하는 방법도 동원되었다. 이렇듯 극단적으로 보일 수도 있는 리더의 의지는 많은 것을 변화시켰다. 이후 삼성에는 여러 분야에서 단지 제품을 만들어 파는 데 그치는 것이 아니라 '완벽한 품질의 제품을 만들겠다'라는 풍토가 자리 잡게 되었다.

현대자동차 역시 많은 변화가 있었다. 지금은 세계 최고의 품질을 자랑하고 있지만 불과 10년 전만 해도 지금과 달랐다. 현대자동차는 '밀어야만 가는 값싼 차'의 인식이 팽배했기 때문에 1990년대 말까지만 해도 미국에서 '썰매'로 비유되며 모욕을 당하곤 했다. 하지만 현재 현대자동차는 JD파워의 품질만족도 조사에서 세계 최고의 품질을 자랑하는 도요타를 제치고 양산차 부문 1위를 차지한 적이 있을 정도로 완벽한 품질을 자랑하는 자동차가 되었다.

현대자동차의 품질이 세계적인 반열에 오른 비결은 1999년부터 본격화된 '품질 경영' 때문이다. 정몽구 현대자동차 회장은 입버릇처럼 품질 경영을 강조해왔다. 지금도 정몽구 회장은 서울 양재동 사옥 1층에 품질 확보실을 마련해 품질 회의를 직접 주재하고 있다. 정몽구 회장은 품질 분야 인력을 800여 명으로 크게 늘렸고, 품질본부는 조립 라인에 문제가 있으면 라인을 정지시킬 수 있는 막강한 권한도 부여받았다. 현대자동차의 품질을 세계 최고로 만든 또 하나의 일등공신은 '품질 패스제'다. 신차를 개발하는 단계마다 고객의 눈높이에서 품질 수준을 평가한다. 합격점을 받지 못하면 다음 단계로 넘어가지 못한다. 또한 수출이 늘어남에 따라 '맞춤 품질' 제도를 도입하여 디자인, 색상, 옵션(선택 사양) 등 나라별 수요 특성과 유행 흐름을 최대한 빨리 자동차에 반영하고 있다.

그만큼 품질에 대한 정몽구 회장의 집념은 상상을 초월한다. 그에 관한 유명한 일화가 있다. 2002년 8월, 정몽구 회장이 직접 오피러스 수출 차량을 점검하던 중 전문가도 알지 못했던 미세한 소음을 발견했다. 그는 곧바로 선적을 40여 일 중단시키고 저소음 엔진으로 교체할 것을 지시했다. 2005년 4월에 있었던 품질 회의에서는 갑자기 도요타의 '렉서스 430' 모델을 분해하라고 지시하기도 했다. 신형 그랜저와 렉서스 모델을 직접 비교하면서 조금이라도 허점이 보이면 이를 보완하기 위한 특단의 조치였다.

글로벌 전략만이 살길이다

설립 초기 삼성전자는 제조업 위주의 내수 기업이었으나 현재는 매출의 80% 이상을 해외에서 올리고 있는 글로벌 기업이다. 삼성전자는 글로벌 비즈니스를 강화하기 위해 꾸준히 해외 생산 시설을 늘려가고 있다. 하지만 1997년 외환위기 전까지만 해도 해외 투자에는 다소 소극적이었다. 단순히 외형 위주의 성장 논리로 판단하는 경향이 강했기 때문에 인건비 등의 단순 우위를 비교해 투자하고 경쟁 기업의 현황을 파악한 뒤 그에 맞춰 사업 진출을 결정했다. 투자 목적도 무역 규제에 대응하거나 제조 단가를 낮춰 가격 경쟁력을 높이는 데 집중했다. 인프라와 경험이 미약했던 터라 사전 계획도 제대로 세우지 않고 공장을 돌리는 것에만 바빴다. 이러한 수동적이고 물량 위주의 경영은 서서히 재고와 채권의 증가로 이어졌고, 적자가 심화되어 재무 리스크는 점차 커졌다.

외환위기 당시 삼성전자의 해외 법인은 총 6억 7,000만 달러의 누적적자를 기록했다. 상태는 점점 악화되어 해외 거점 본사의 경쟁력이 손상되고 있다는 우려가 나올 정도였다. 본사는 본사대로, 해외지사는 지사대로 협력을 하지 않고 따로따로 굴러간 경우였다. 그래서 나온 결론이 '기본에 충실하자(Back to the basic)'는 것이었다. 우선 재무구조를 견실화하는 것에 목표를 두었다. 1997년부터 2년여 동안 총 13억 달러를 증자해 법인의 자기자본비율을

40% 수준으로 끌어올렸다. 한편 부실 및 투자 목적을 상실한 법인 수십 개를 청산했다.

한차례의 위기를 겪은 삼성전자는 해외 거점의 지사들이 제대로 운영되는지를 파악하기 위해 매년 1회 이상 경영 진단을 실시하여 정기적인 점검을 했다. 미래의 위험을 사전에 방지하는 취지였다. 그래서 매년 5, 6월이면 본사 재무 관련 임직원은 90여 개 해외거점에 대한 경영 진단을 위해 세계 각지로 떠난다. 하지만 이는 단순히 흠을 잡는 감사에서 끝나는 것이 아니다. 부족한 점을 보완하고 각 지역에 맞는 경쟁력 높은 사업의 발전 방향을 모색하는 일종의 경영 컨설팅에 가까웠다. 이를 위해 해외법인에 ERP 시스템을 구축하여 업무 프로세스를 표준화하고 경영 효율을 높였다. ERP 시스템을 통해 경영 상황을 실시간으로 확인할 수 있었다. 그 결과, 경영 의사결정의 시간과 절차가 단축되고 본사와 해외지점과의 협력도 좀 더 원활해질 수 있었다.

이건희 전 회장은 전자 사장단에게 "우리의 경쟁력을 높일 수 있으면서도 현지에서도 원하는 해외 사업을 적극 개발하라"고 당부했다. 오로지 삼성의 방식만을 고집하지 말고 지역별로 차별화된 시장 진출 방안을 모색하라는 것이었다. 이렇듯 삼성은 해외전략에 대한 기본 철학을 현지 소비자 기호와 맞추며 글로벌 고가 브랜드로 탈바꿈하는 계기를 얻을 수 있었다. 삼성은 본사나 해외 거점을 막론하고 제품을 제값에 팔겠다는 취지가 강했다. 중국에서는 노트

북, TFT-LCD 모니터, 프로젝션 TV, 레이저 프린터, 디지털 캠코더
와 같은 디지털 제품을 중심으로 마케팅 활동을 전개했고, 일본에
서는 액정 TV 등의 고부가가치 제품으로 소비자의 관심을 끌어당
겼다. 중저가 제품에 치중하는 중국과는 달리 고가 제품 판매에 힘
을 기울이는 차별화 전략에도 주력하고 있다. 지역별로 시장 전략
이 다르듯 삼성은 제품별 판매 전략을 따로 세우며 차별화된 글로
벌 전략을 꾸준히 펼치고 있다.

현대자동차는 어떠할까. 세계시장에서 엄청난 판매량을 올릴 수
있었던 것은 제품력 향상을 위한 끊임없는 노력도 있었겠지만 전
략적으로 시장의 니즈를 분석하고 맞춰 나갔기 때문이다. 현대자동
차는 생존경쟁의 최우선 과제인 '글로벌 판매 확대를 통한 수익 확
보'를 경영방침으로 정했다. 이에 판매 역량 강화, 연구 개발 및 품
질 경쟁력 강화, 조직 운영의 효율성 제고 등이 주요 전략으로 실시
되고 있다. 그동안 현대자동차는 품질경영에 기반을 둔 글로벌 마
케팅 경쟁력을 확보함으로써 해외시장에서 좋은 실적을 거두는 쾌
거를 올렸다. 또한 무한한 가능성의 시장인 중국과 인도는 물론 체
코 등지에 자동차 생산시스템을 구축함으로써 아시아, 북미, 유럽
을 연결하는 글로벌 생산기지를 완성했다.

이제 현대자동차는 글로벌 메이커가 분명하다. 세계 어느 나라
를 가도 현대자동차를 모르는 사람은 없다. 포드도, 도요타도 현대
자동차를 무시하지 못한다. 하지만 에쿠스와 같은 대형차 부분에서

는 아직 현대자동차의 인지도가 떨어진다. 문제는 비기술적 요인인 브랜드 파워다. 따라서 현대자동차는 신형 에쿠스를 글로벌 시장에서 통하는 프리미엄 카로 육성하기 위해 단계적인 글로벌 마케팅 전략을 세웠다. 현대자동차는 신형 에쿠스 수출명을 '제네시스 프레스티지'로 정하고, 2009년 6월부터 중국→중동→미국으로 수출 지역을 확대하며 글로벌 시장으로 진출하고 있다. 곧바로 선진시장 진입이 어려운 만큼 가까운 중국시장에서 럭셔리 세단으로서의 가능성을 확인한 뒤 오일 달러(Oil dollar)가 넘치는 중동, 미국 등의 선진국 시장으로 넓혀간다는 글로벌 전략이다.

포스코도 지속적인 성장을 위해 해외에서 새로운 글로벌 투자 전략을 구상하며 기회를 찾고 있다. 투자의 방향은 '해외 제철소 건설'과 '기업 인수 합병(M&A)' 두 갈래다. 성공 신화의 무대를 해외로 옮기는 첫 작업을 2005년 인도에서 시도했으나 부지 선정의 문제로 아직까지 난항을 겪고 있다. 하지만 올해 안에 첫 삽을 뜨기 위해 부단히 노력 중이다. 또한 베트남 일관제철소 건설도 계속 검토 중이며 국내외 M&A에도 적극적으로 뛰어들 채비를 갖추었다. 정준양 회장은 취임 직후 "(제철소를 새로 건설하는) 그린필드 방식이 아닌 (기존 제철소를 인수한 뒤 보강 투자하는) 브라운필드 방식을 검토 중이다. 올해 말이면 유리한 조건으로 M&A를 할 수 있을 것이다"라고 말해 적극적인 M&A 방침을 나타냈다.

핵심을 보존하고 혁신을 통해 발전시켜라

2009년 영국의 브랜드 컨설팅 그룹인 인터브랜드가 미국 경제 주간지인 〈비즈니스 위크〉와 함께 발표한 세계 100대 브랜드 가치 평가 결과에서 삼성전자의 브랜드 가치는 175억 1,800만 달러로 19위, 현대자동차의 브랜드 가치는 46억 400만 달러로 69위로 평가했다. 국제적인 경기침체에도 불구하고 각각 LED TV와 프리미엄 세단 제네시스를 출시하는 등 공격적인 투자를 펼치며 고객들의 기대를 만족시켜 온 것이 주요인이었다. 삼성전자와 현대자동차가 지속적으로 높이 평가받고 있는 이유는 비즈니스의 핵심 가치에 집중하면서 끊임없이 혁신을 시도하며 발전했기 때문이다. 비록 불경기지만 기업이 가지고 있는 핵심 가치를 유지하면서 혁신을 시도하는 것이 우량기업을 만드는 가장 중요한 요인이라는 것을 입증시킨 사례다.

초창기 삼성전자는 가전 사업을 확장시키려는 목적으로 수직적 계열화를 꾀했다. 그 시작으로 TV 세트의 핵심 부품인 브라운관 유리를 만들기 위해 미국 코닝사와 합작으로 삼성코닝을 설립했다. 그리고 글래스가 생산되면 이를 브라운관으로 만들기 위해 일본 NEC와 합작으로 삼성전관(三星電管)을 세웠다. 기타 부품들을 생산하기 위한 전자부품 회사를 만들어 '모래에서 세트(Sand to Set)'라는 일관된 체제를 구축했다. 기술 개발과 원가 경쟁력을 갖추기 위해 이들 계열사들은 서로 협력하는 체계를 갖췄다. TV를 생산하기 위해 구축한 생산 설비를 활용하여 컴퓨터용 모니터 사업을 시작했다. 컴퓨터용 모니터 사업에서 디지털 기술을 습득하여 컴퓨터 터미널을 만들었고, 다시 퍼스널 컴퓨터를 만들었다. TV의 핵심 기술이 발전하여 컴퓨터 사업으로 확장된 셈이다. 삼성전자가 터득한 컴퓨터 기술은 다시 디지털 TV를 개발하는 기술로 연결되어 가전 업체 중에서 가장 빠르게 디지털 기술을 소화할 수 있었다.

LG전자는 가전 사업 중 에어컨에서 발군의 실력을 발휘하고 있다. 1990년대 초까지만 해도 국내 에어컨 제품은 일본에서 주요 부품을 들여와 조립을 하는 수준이었다. 더구나 한철만 팔리는 계절 상품이어서 독립적으로 공장을 운영하기가 어렵고 국내 수요도 그리 크지 않아 초기 LG전자의 에어컨 사업은 적자를 벗어나지 못했다. 더 이상 적자를 견딜 수 없었던 LG전자는 에어컨 사업 전략을 외국 컨설팅 회사에 의뢰했다. 컨설팅 회사의 의견은 간단했다. '지금 상황에 맞지 않으니 과감하게 사업을 정리하는 것이 좋겠다'라는 것이었다. 국내시장의 수요도 형편없고 주요 부품을 일본에서 수입해서 사용하고 있는 입장에서 사실상 수출도 어려웠기에 사업성이 적다는 의견이었다. 그 당시에는 맞는 말이었지만 LG전자는 그들의 의견을 받아들이지 않고 기술 혁신과 생산성 혁신으로 에어컨을 수출품으로 키우겠다는 결정을 내렸다. 그러자 LG전자의 창원공장에서 일대 혁신이 이루어졌다. 모든 기계를 완전히 분해하여 기술 개발, 품질 혁신을 처음부터 다시 점검했다. 끊임없는 연구와 개발로 일본 제품보다 전력 소모와 소음을 줄일 수 있었고, 좀 더 낮은 가격으로 제품을 생산할 수도 있었다. 그렇게 새로게 만들어진 에어컨은 '휘센'이란 브랜드로 해외시장 개척에 나섰다. 현재 휘센은 세계시장에서 좋은 반응을 얻고 있으며 세계적으로 인정받는 최고의 에어컨이 되었다.

핵심을 보존하고 끊임없이 혁신하는 과정을 거쳐 자칫 포기할 뻔한 제품이 세계 일등 브랜드로 성장한 것이다. 한국의 우량기업들은 아무리 불경기라 할지라도 핵심을 보존하고 발전시키는 프로세스를 게을리하지 않았다. 그 결과 국내 1, 2위 제품을 세계 1, 2위로 만들어낼 수 있었던 것이다.

전통 산업에서 첨단 산업으로 이동하라

지금은 SK로 불리는 선경(鮮京)은 화학섬유 산업으로 성장해온 회사였다. 화학섬유와 원료를 기업체에 납품하는 영업 형태였기에 일반 소비자에게는 잘 알려지지 않았다. 섬유 산업의 한계가 있다고 생각한 최종현 회장은 1984년에 미래 사업 준비를 위해 미국에 경영기획실을 설립했다. 그리고 1988년에 미국의 소규모 이동통신사인 '테네시 RSA'에 투자를 하면서 이동통신 경영을 학습하며 무한성장의 발판을 다졌다. 또한 1990년에 정부가 이동통신 구조조정계획을 발표하자 경영기획실에 사업개발팀을 구성하여 사업 타당성을 검토했고, 1991년에 제2이동통신 사업권 획득 준비를 위해 선경텔레콤(대한텔레콤)을 설립했다. 최종현 회장은 1992년 신년사를 통해 정보통신 사업의 진출에 대한 의지를 공식적으로 천명했다.

"10년 전부터 앞으로 어떤 사업을 해야 할 것인지를 심사숙고해 왔습니다. 정보통신 사업을 다음 사업 영역으로 선정하여 그룹의 중점 사업으로 추진할 것을 결정하였습니다."

1992년 4월, 이동통신 사업 허가 공고가 났다. 설비 제조업체인 삼성, 현대, 금성, 대우가 제외된 상태에서 선경, 포항제철, 코오롱을 포함하여 6개 그룹이 경합을 했다. 치열한 경쟁 끝에 선경그룹의 대한텔레콤 컨소시엄, 포항제철의 신세계이동통신, 코오롱의 제2이동통신이 1차 관문을 통과했다. 1994년에 제2이동통신 사업자로 신세계통신이 선정되고 정부 소유인 한국이동통신을 민영화하기로 결정했다. 1994년 6월에 한국통신이 보유하고 있던 한국이동통신의 주식을 선경그룹에 매각함으로써 선경그룹이 한국이동통신의 경영권을 획득했다. 이로써 선경그룹은 '011'의 번호를 가진 한국이동통신을 인수하게 되었고 첨단 산업으로의 첫발을 내딛게 되었다. 그리고 1977년에 회사 이름을 'SK텔레콤'으로 변경했다.

이동통신 시장의 규모가 커지자 정부는 다시 디지털 이동통신

업체로 3개 회사를 지정했다. 이때 선정된 곳이 KT가 자회사로 만든 KTF, 한솔그룹에서 만든 한솔텔레콤, LG그룹에서 만든 LG텔레콤이다. 5개 회사가 치열한 경쟁을 벌이다가 결국 사업력이 약한 신세계통신이 KTF와 합병이 되고 한솔텔레콤이 SK텔레콤에 합병되었다.

SK텔레콤의 시작은 초라했다. 1984년에 서울 구의동 광장전화국 한쪽에서 자본금 2억 5,000만 원, 임직원 32명으로 사업을 시작했다. 첫해 2,658명의 가입자를 모집했던 SK텔레콤은 25년 만인 현재 가입자 2,300만 명, 매출액 11조 7,000억 원을 기록한 세계적인 통신회사로 성장했다. 지금의 SK텔레콤을 만들어준 첫 상품은 카폰(차량용 이동전화)이었다. 1984년 5월부터 서비스가 시작된 카폰은 단말기 가격과 가입비를 합치면 당시 현대자동차의 포니2와 맞먹는 가격인 400만 원을 훌쩍 뛰어넘었다. 현재 물가와 비교해보면 3,000만 원에 육박하는 엄청난 금액이다. 차량전화를 시작한 SK텔레콤은 1996년에 세계 최초로 CDMA 방식 이동전화 상용화에 성공했고 2002년에는 3G(EV-DO) 서비스, 2004년에는 위성 DMB 서비스, 2006년에는 3.5G(HSDPA) 상용 서비스에 성공해 세계적으로 유래 없는 고성장을 하게 되었다.

전통 사업인 섬유 사업으로 시작해 그 모습을 발전시켜 탄생한 SK텔레콤은 1996년부터 현재까지 약 20조 원 규모의 설비투자를 통해 ICT 산업 발전과 내수경기 진작을 주도하고 있다. 새로운 사업에 투자한다는 것은 쉬운 일이 아니다. 더구나 그것이 지금껏 접해보지 못했던 첨단 사업이라면 더욱더 결정이 어려웠을 것이다. 하지만 조금 덜 위험해 보인다는 이유로 지금까지 걸어왔던 길만을 고집했다면 '선경'이라는 회사는 흔적도 없이 사라진 1960~70년대의 숱한 직물공장 가운데 하나로 기억되었을 것이다.

피라미드 구조

일본식 피라미드 조직을 활용하라

1970~80년대의 한국 기업들은 일본의 품질력을 유지하면서 비교적 저렴한 가격으로 만들어낼 수 있는 기술력과 생산력을 가지게 되었다. 그것이 장점이 되어 한국 제품의 수출이 급증했다. 따라서 대량생산을 위해 공장을 확장하고 인력이 급증하면서 조직은 피라미드처럼 커져 갔다. 하지만 대부분의 회사는 서울에 본사를, 본사와 조금 떨어진 지방에 공장을 세워 인력 관리가 갈수록 힘들어지는 단점이 나타났다. 조직은 기능으로 세분화되고 계층은 많아져

실무자와 경영자 사이에 '실무자, 주임, 계장, 대리, 과장, 차장, 부장, 사업부장, 본부장, 상무, 전무, 부사장, 사장, 부회장, 회장'과 같은 10단계 이상의 계층이 만들어졌다.

시간이 흐를수록, 규모가 커질수록 계층과 부문 간의 피라미드는 더욱 높아지고 본사와 공장 간의 거리는 더욱 멀어졌다. 이때 이 거대한 피라미드가 효율적으로 유지될 수 있었던 것은 일본식의 철저한 관리 방식 덕분이다. 일본은 군국주의 시절부터 상하관계가 분명하고 규율과 명령에 철저하게 복종했다. 그래서 일본 회사는 회사 운영의 세부적인 규칙 아래 관리자가 통제하는 방식에 익숙해 있다. 국내 기업도 일본과 똑같은 조직 구조와 작업 방식을 도입했고, 관리 방식도 일본식으로 했기 때문에 피라미드 조직을 효율적으로 운영할 수 있었다.

비록 계층은 많았지만 결재라는 과정을 통해 관리를 했고, 회의를 통해 부문 간의 합의를 유도해내며 조직을 이끌어나갔다. 관리자들은 품의서를 써서 경영자에게 결재를 받는 것이 일이었다. 사안에 따라 품의서 한 장에 도장을 10~15개 정도를 받아야 하는 경우도 있었다. 부서 간에 합의가 필요할 때는 도장의 숫자가 늘어나 그 이상이 되기도 했지만 관리자가 통제하는 방식에 익숙했기에 조직은 별 무리 없이 운영되었다.

초일류 CEO를 양성하라

삼성은 전통적으로 내부에서 CEO를 양성했다. 평직원으로 시작해 고된 내부 경쟁으로 실력을 양성하게 하고 실력이 뛰어난 인재에게 충분히 보상하는 제도가 삼성 CEO 양성의 핵심이다. 삼성전자에 입사해 정상적인 승진 연한을 채웠다면 최소한 50대가 되어야 임원이 될 수 있다. 그러나 이러한 원칙도 세계시장의 변화와 함께 바뀌고 있다. 삼성 임원들의 평균 연령이 47.5세인 것을 보면 알 수 있다. 40대 임원의 비율이 절반을 훨씬 넘는 68%에 이른다. 삼성의 전·현직 사장 100명을 분석한 결과 임원이 된 나이는 40~42세이고, 51~53세에 사장이 되었다. 능력과 실력이 있는 사람은 임원으로 승진하는 기간이 더 짧았다.

삼성에서 사장이 되려면 임원끼리 또 다른 경쟁을 통해 최종 발탁이 되는 단계를 거쳐야 한다. 삼성에서는 임원이 되고, 그다음 단계인 사장이 되기 위해 일반 승진이 아닌 발탁 승진이 필요하다는 것이다. 그래서 삼성에서 임원이 될 확률은 거의 1% 정도로 매우 희박하다. 상황이 이러하니 그 좁은 문을 통과하기 위한 내부 경쟁은 상상을 초월할 정도다. 발탁 승진의 경우, 기준을 초월한 성과는 해당 임직원의 몫으로 돌아간다. 발탁 승진이란 기본 승진 연한을 약 2년 이상 단축시키는 것으로 특별 승진에 따른 보너스와 보상, 선물도 주어진다. 탁월한 성과를 낸 임직원에게는 승진뿐 아니라 '자랑스런 삼성인 상'을 주어 사기를 높여주고 있다. 이렇게 오른 임원 자리이지만 사장의 자리로 올라가는 것은 평직원이 임원이 되는 것보다 훨씬 어렵다. 1% 관문을 통과한 임원들은 성과라는 핵심 기준을 통해 역량을 평가받는다. 아무리 오랜 세월을 성실하게 근무했다 할지라도 '성과가 없다면 승진도 없는 곳'이 바로 삼성이다. 단순히 선임 순위로 승진해 사장 자리에 올라가는 것은 이제 기대할 수 없는 과거의 일이다. 삼성의 책임자들이 돈이 되는 사업이라면 자신의 일인 것처럼 만사를 제쳐두고 집착하는 것이나 매출과 수익을 늘리기 위해 직접 마케팅에 나서 전략을 지휘하는 것도 모두 성과를 내 1%의 치열한 경쟁을 뚫고 사장의 자리에 앉기 위함이다. CEO가 되기 위한 임원들의 치열한 내부 경쟁이 삼성이 초일류기업이 되는 초석이 되기도 했다.

책임 경영으로 변화 적응력을 높여라

거대 기업의 모든 사항이 최고 결정권자인 회장으로부터 확인되고 승인되어야 한다면 그 조직은 변화 적응력이 떨어질 수밖에 없다. 각 부문을 맡고 있는 경영자가 자율 경영과 책임 경영을 실천하기가 불가능해진다. 이에 삼성은 최종 승인은 회장이 하되 각 프로젝트의 책임은 해당 경영진이 모든 것을 맡는 형식으로 진행하며 변화 적응력을 높여왔다. 국내 대부분의 기업이 의사결정을 할 때 품의서라는 것을 작성하여 결재권자의 사인이나 도장을 받는다. 사안이 경미함에도 보고서 한 장을 쓰는 데에 공을 들여야 하고 다른 부서의 협조 승인까지 받으려면 많은 시간을 할애해야 하는 경우가 적지 않다. 고위 경영층에게까지 결재가 올라가 승인을 받으려면 몇 주 혹은 몇 달이 걸리기도 한다. 다른 부서 역시 책임을 떠맡는 것이 두려워 경영자의 사인을 받은 품의서를 봐야 협력을 한다. 그렇게 시간이 흐르는 동안 이미 그 사업에 진출한 다른 기업들에 빌려 사업을 시작해보지도 못 하고 접어야 하는 상황이 발생하는 경우도 있다.

그러나 삼성은 회장이 사인을 하지 않는다. 고 이병철 회장과 이건희 전 회장은 품의서에 사인을 한 적이 없다. 그럼에도 불구하고 회장의 의사결정 내용을 관련 부서에서 제대로 파악하고 있고 협력이 잘 이루어진다. 회장의 의사결정을 받을 사항은 대부분 보고로 이루어지며 회장은 경청을 하고 있다가 몇 가지 질문을 하는 것으로 마무리한다. 다른 토론이 끝난 후에 종합적인 것을 구두로 의사결정을 한다. 의사결정을 한 내용은 비서실(구조본)에서 메모해두었다가 시행 여부를 점검한다.

책임 경영이란 참으로 중요하다. 그래서 삼성은 고 이병철 회장 시절부터 '미덥지 못하면 맡기지 말고, 고용을 했으면 믿고 맡길 것'을 강조했다. 이건희 전 회장은 대외적 활동이 뜸해 평소 회사 경영에 관심이 없는 듯 보이기도 했으나 위기의식을 불어넣어야 할 필요가 느껴지면 거침없이 말을 쏟아냈다. 위기의식의 각성을 통해 각 임원과 담당자들이 경영에 더욱 강한 책임감을 갖게 하려는 의도다. 바른 자질과 자세를 통해 일단 회장의 신임을 얻은 경영자는 경영에 대한 전권과 책임을 갖는다. 특히 삼성은 사내에 훈련된 전문 경영인이 많이 포진되어 있다. 이렇듯 재량권이 넓고 책임감도 강한 시스템은 상당한 업무 성과를 거두고 있는 것으로 평가되고 있다.

따라서 삼성에서 CEO를 선발할 때 가장 중요하게 생각하는 사안은 단순히 아는 것에 그치지 않고 행동으로 솔선수범하는 것, 아랫사람에게도 일을 제대로 시키고 가르칠 줄도 알아야 한다는 것이다. 경영진 한 사람 한 사람이 오너십을 가지고 일을 추친할 때만이 더욱 책임감 강한 정책이 실천될 수 있다. 그것이 변화 적응력을 높일 수 있는 최고의 방법이다.

치열한 내부 경쟁으로 경쟁력을 강화하라

'메기와 미꾸라지'의 일화는 고 이병철 회장이 자녀교육을 시킬 때 강조했던 것으로 삼성 내부에 널리 알려져 있다. 예전에는 모내기 철이 되면 논에 미꾸라지를 풀어놓고 가을에 잡아 추어탕을 끓여 먹곤 했다. 그런데 한번은 한 농부가 한쪽 논에는 미꾸라지만 풀어놓고 다른 논에는 미꾸라지와 메기 몇 마리를 함께 풀어놓았다고 한다. 가을이 되어 양쪽 논의 미꾸라지를 잡아보니 상태가 완전히 달랐다. 메기를 풀어놓은 논의 미꾸라지가 훨씬 통통하고 건강하게 성장해 있었다. 메기가 없는 논의 미꾸라지는 메기라는 천적이 없었기 때문에 여름 내내 긴장을 하지 않아 행동이 느려진 반면, 메기가 있던 논의 미꾸라지는 살아남기 위해 이리저리 움직이느라 활동량이 많아져 더 건강하게 자란 것이다.

여기서 기억해야 할 것은 삼성의 치열한 내부 경쟁이다. 삼성은 내부 계열사와도 경쟁을 한다. 심하면 사업부끼리도 경쟁을 유도해 역량을 집중시킨다. 내부 경쟁에서 살아남지 못하는 사업은 외부에서도 이길 수 없다는 판단 때문이다. 실제 삼성전자의 정보통신 사업부와 디지털미디어 사업부가 서로 경쟁적인 차세대 정보기술(IT) 제품을 내놓고 한판 승부를 벌이고 있다. 두 회사는 기능과 성능 면에서 서로 경쟁적인 관계에 있어 정면 충돌이 불가피하기 때문에 내부 경쟁을 해야 한다. 그 경쟁 덕분에 반도체, 액정화면(LCD), 정보통신, 디지털미디어(DM) 등으로 세분화한 삼성전자 사업부들의 발전이 두드러지고 있다. 사업별 독립채산제에 따라 제각기 실적 챙기기에 나서면서 집안 식구끼리 경쟁을 했기 때문에 나타난 긍정적인 결과다.

삼성SDI가 만든 LCD 모듈은 주로 삼성전자에 공급된다. 그러나 모토로라나 노키아 등 대형 휴대폰 업체에도 납품이 이루어지고 있다. 삼성전자도 LCD 모듈을 자체 소화하기도 하고, 다른 휴대폰 업체에 팔기도 한다. 같은 시장에서 두 계열사가 치열한 경쟁을 벌이고 있는 셈이다. 그렇다 보니 서로 협력이 이뤄지지 않는 폐단도 있다. 사업 부문별로 개발, 디자인, 부품 공급 등을 독자 추진하면 중복 투자의 단점이 있을 수도 있다. 하지만 서로가 치열한 경쟁을 하기 때문에 기술 개발 속도가 빨라져 전체적으로는 이점이 훨씬 많다.

일본 스타일

개인기보다는 조직을 이끌고 나갈 리더십을 갖추어라

인간에게도 수명이 있듯 기업에도 평균 수명이 있다. 아날로그 시대에는 기업의 평균 수명이 20~30년 정도였으나 디지털 시대로 접어들면서 그 기간이 점점 줄어 불과 10년 내외 정도로 추산된다. 최근 들어 어느 한 제품으로 반짝 성공한 기업이 그 제품이 인기를 잃으면 동반 몰락하는 사례가 적지 않다. 혹은 뛰어난 능력을 가진 리더가 있을 때는 성장하지만 리더가 사망하거나 교체되면 기업이 위축되는 경우도 있다. 하지만 우량기업들은 어느 한 제품에

서만, 어느 한 리더에 의해서만 성장하는 것이 아니다. 제품과 리더가 바뀌어도 오랫동안 지속적으로 성장할 수 있는 기업이 진정한 우량기업이다.

삼성은 고 이병철 회장 시절, 다양한 부문의 사업체를 지속적으로 성장시켰고, 이건희 전 회장 시절 역시 이를 한 단계 업그레이드시켜 세계적인 우량기업으로 우뚝 섰다. 70년 가까운 삼성의 역사 속에서 지속적인 성장을 거듭할 수 있었던 가장 큰 이유는 바로 변화에 능동적으로 대응한 고 이병철 회장과 2대인 이건희 전 회장의 변화 리더십이 바탕이 되었다. 삼성은 보편적인 미국 기업과 달리 아직도 설립자 가족이 경영을 하는 오너 경영 체계를 유지하고 있다. 오너 경영은 많은 문제점을 안고 있기는 하지만 일관된 리더십을 유지할 수 있다는 장점이 있기에 조직을 이끌고 나갈 리더십을 발휘하는 데 용이하다.

1960~70년대에 고 이병철 회장은 합리적인 리더십을 바탕으로 삼성의 조직 체계를 잘 다듬었고 내부적으로 유능한 경영진을 많이 양성했다. 신입사원으로 채용되어 회사 내부에서 양성된 경영 관리자들이기 때문에 신입사원의 시절을 겪지 않고 바로 사장으로 특채가 된 직원들에 비해 회사에 대한 로열티가 강하다. 이건희 전 회장은 고 이병철 회장이 만들어놓은 삼성의 조직문화를 승계했고 꾸준한 경영 혁신을 통해 내부 경영진들에게 높은 신뢰를 얻는 데 성공했다. 이건희 회장은 경영승계의 가장 큰 걸림돌이 될 수 있는 2세

들 간의 분쟁을 분가(分家)를 통해 해결했다.

삼성전자와 삼성물산, 삼성생명 등의 주력 회사는 삼성그룹으로 유지했지만 그 외 성격이 나누어질 수 있는 계열사들은 분가시켰다. 신세계백화점을 중심으로 유통계열사가 분가하였고 제일제당을 비롯하여 식품계열사가 분가해 CJ그룹을 이뤘다. 전주제지를 중심으로 몇 개의 회사가 분가하여 한솔그룹을 이루었고 제일합섬과 일부 섬유회사가 분가하여 새한그룹을 형성했다. 이로써 삼성은 가족 사이에 일어날 수 있는 분쟁의 불씨를 해결하고, 이건희 전 회장 중심 체제로 재편함으로써 집중력을 발휘할 수 있는 리더십을 가질 수 있었다.

리더라면 혁신을 넘어 혁명을 만드는 결단을 하라

'삼성전자' 하면 가장 먼저 떠오르는 것이 반도체 사업이다. 해외에서의 평가도 마찬가지다. 하지만 처음 반도체 사업을 시작할 때는 지금처럼 성공하리란 보장이 없었다. 오히려 너무나 위험한 투자라는 의견이 지배적이었다. 반도체 사업이 황금알을 낳는 사업이라고는 하지만 시설 투자에 막대한 자금이 필요하기 때문에 위험이 따른다. 1976년, 삼성이 반도체로 진출하려던 초장기에 고 이병철 회장은 한국반도체 인수를 앞두고 사업 진출 여부로 깊은 고민에 빠졌다. 반도체라는 용어 자체가 생소했던 때였기에 시장성을 장담할 수 없었다. 하지만 당시 이건희 이사는 "향후에 전자 사업을 하기 위해서는 반도체 분야가 대단히 중요하다"고 주장하면서 '필요하다면 개인 출자까지 하겠다'라는 의지를 보이며 고민하고 있는 고 이병철 회장을 설득했다.

그렇게 강력한 의지로 출발했지만 반도체 사업이 이익을 내고 시장에서 자리를 잡기까지 많은 시간과 노력이 필요했다. 그 힘겨운 시간 동안 리더의 '결단'은 큰 효과를 발휘했다. 1980년대 말과 1990초, 당시 일본 내의 장기불황으로 일본 반도체 업체들이 휘청거릴 때, 이건희 전 회장이 내린 결단은 반도체 시장의 판세를 바꾸는 중요한 계기가 되었다. 그는 1메가 D램, 4메가 D램 개발 사업에 거액을 투자하였다. 자금 조달을 위해 적자 상태인 삼성반도체통신과 흑자 상태인 삼성전자를 합병할 정도로 의욕적이었다. 삼성전자 쪽 주주들의 반발이 적지 않았지만 확신을 가지고 밀어붙였다. 결국 이건희 전 회장의 결단은 사업을 시작한 지 10년 만에 메모리 분야에서 세계 1위라는 쾌거를 만들어냈다. 이건희 전 회장의 결단이 혁신을 넘어 혁명을 만든 것이다.

리더인 이건희 전 회장의 결단력은 각 사업 분야 진출만이 아니라 그룹의 구조조정이 진행될 때에도 발휘되었다. 1997년, 금융위기가 찾아와 모든 기업이 혼란에 빠져 있을 때였다. IMF 체제에 돌입한 지 한 달 정도가 지난 1997년 12월, 삼성의 영빈관인 승지원에 미국의 세계적인 투자회사 골드먼삭스의 존 코자인 회장 일행이 며칠째 드나들고 있었다. 이건희 전 회장이 삼성의 구조 개혁 방법론을 의뢰하기 위해 불러들인 것이었다. 이는 주관적일 수밖에 없는 삼성 자체의 구조조정 방안에서 탈피하여 객관적 시각에서 철저한 구조조정을 해보자는 의지의 표시였다. 그렇게 며칠 동안 회의가 진행되었고, 어느 날 코자인 회장 맞은편에 앉아 있던 이건희 전 회장은 긴 침묵을 깨고 강력한 어조로 이렇게 말했다.

"삼성전자와 핵심 전자 계열사, 삼성생명을 제외하고 그 어떤 회사를 처분해노 좋다."

어려운 시기에 위기를 뚫고 우량기업으로 성장을 지속할 수 있었던 비결은 이건희 전 회장의 '버릴 건 미련없이 버린다'라는 신념과 결단력 때문이었다. 그는 고비에 이를 때마다 수익성이 좋지 않은 부문은 과감하게 처분하고, 대신 수조 원에 이르는 막대한 금액을 반도체 산업에 투자하여 삼성전자가 메모리 반도체 부문 1위로 도약할 수 있게 만들었다. 사실 반도체 산업은 '타이밍 업(業)'이라 할 수 있다. 불확실한 미래를 예측하여 최적의 시기에 수조 원에 이르는 막대한 투자를 해야 하기 때문이다. 따라서 리더들의 빠른 결단이 매우 중요하기에 경영자들이 반도체 사업에서 최적의 투자 시기를 결정할 때는 피를 말리는 고통이 뒤따른다.

오늘날 삼성전자가 반도체에서 세계 1위를 유지하고 있는 것은 경쟁업체들보디 앞신 두사 결정이 큰 몫을 차지했다. 1993년 반도체 5라인을 8인치 웨이퍼 양산라인으로 결정한 것이 대표적인 사례다. 당시 기술적인 위험 부담 때문에 일본 업체들도 투자를 머뭇거리고 있었다. 실패를 하면 1조 원 이상의 손실이 예상되었기에 주변의 반대도 심했다. 하지만 이건희 전 회장은 개발 주기가 계속 단축되는 시장 상황에서 지금 투자를 하는 것이 최적의 결정이라 생각하고 자신의 주장을 밀어붙였다. 결국 삼성전자는 그러한 단계를 거쳐 메모리 분야 세계 1위를 차지하게 되었다. 삼성은 세계 초일류가 되기 위해 '남보다 먼저 개발하고, 먼저 판매하고, 먼저 철수한다'라는 선발자의 논리에 충실했다. 삼성은 소위 히트앤드런(hit and run) 식 전략 구사를 통해 세계 일류기업으로 서게 되었다. 이 모든 것을 가능하게 만든 것이 바로 과감한 결단력이다. 그것이 사업의 구조조정 및 확장을 신속하게 결정지어 불필요한 재화와 시간의 낭비를 줄여주었다. 많은 기업이 빠른 결정을 내려야 하는 상황에서 망설이다가 타이밍을 놓치는 경우가 적지 않다. 이는 곧 회사의 경영 악화로 이어지기 때문에 때를 놓치지 않는 리더의 빠른 결단은 우량기업이 되기 위해서 반드시 필요하다.

리더라면 결과가 분명한 의사소통을 하라

교육을 하다 보면 교육생들이 자주 의사소통에 대한 불만을 이야기한다. 분명히 리더와 오랜 시간 대화를 했는데 시간이 지난 후 생각해보면 도무지 무슨 이야기를 나눴고, 리더가 원하는 게 무엇인지 알 수 없다는 것이다. 아까운 시간을 내어 대화를 했는데 그 이야기가 상대방에게 정확한 의미로 전달되지 않는다면 그 조직은 원활하게 돌아가기 힘들다. 의사소통을 원활하게 하기 위해서는 일단 리더가 말을 하는 것보다 직원들의 이야기를 듣는 게 필요하다. 말하는 것보다 듣는 것을 더 좋아하는 '경영형 리더' 고 이병철 회장은 리더의 분명한 의사소통을 강조했다. 그는 평소 말이 별로 없고 임식원들의 보고 내용이나 의견을 경청했다. 보통의 리더는 본능적으로 지시를 내리고 이러저러한 것을 통제하고 싶어 한다. 그러나 고 이병철 회장은 이러한 행태에 숨어 있는 비효율성을 간파했다. 리더의 지시가 많으면 의사소통은 빠르지만 직원들은 리더의 지시를 기다리게 된다. 그러한 것이 반복되면 지시되는 사항만 수행하는 조직이 되고 스스로 생각하고 준비하는 습관은 점차 줄게 된다.

삼성에서는 업무별 책임자들이 직접 전략을 짠 후 연구를 해서 보고를 하고 이를 리더들이 검토한다. 사업 부문별 책임자들은 보고받은 내용이 미흡하다고 생각되면 다시 보고를 하게 만든다. 이 것은 보고자가 스스로 학습할 수 있는 기회가 되기도 한다.

이건희 전 회장은 어릴 때부터 일본과 미국에서 혼자 유학생활을 했다. 아마도 이때부터 자연스럽게 스스로 생각하고 몰입하며 남의 말을 듣는 습관을 갖게 된 듯하다. 그가 삼성의 부회장이 되었을 때 고 이병철 회장으로부터 '경청(傾聽)'이라는 붓글씨를 받았다. '경청'이란 단어는 삼성에서 경영을 위한 가훈처럼 내려오고 있다. 회장으로 취임한 후에도 이건희 전 회장은 고 이병철 회장의 뜻을 거스르지 않고 '경청'을 중시했다. 그렇다고 무턱대고 듣기만 하는 것은 아니었다. 사장단 회의나 구조조정 본부 팀장 회의 때면 "자네가 한번 이야기해보지"하며 질문을 던졌다. 지적을 받은 사람이 답변을 하면 '왜'를 반복해서 묻고 또 물었다. 제아무리 많은 지식을 가지고 있는 사람이라 할지라도 '그래서?'라는 질문을 수차례 받으면 지식이 바닥날 수밖에 없다. 이것이 바로 소크라테스식 대화법이다. 참석한 임원들이 더 이상 답을 하지 못해 백기를 드는 순간, 이건희 회장은 자신이 준비한 메시지로 이들을 휘어잡았다.

말은 일방적인 것이 아니다. 일방통행이 아닌 쌍방향통행이 되기 위해서는 리더가 직원들의 이야기를 듣는 자세가 필요하다. 그래야 결과가 분명한 의사소통을 이끌어나갈 수 있다. 말하기에 앞서 상대방의 말을 들으려는 자세는 곧 상대방의 생각을 자유롭게 권장하고 의견을 수용할 준비가 되었음을 알릴 수 있고, 서로 대화 내용을 정리할 수 있는 여건을 만들어준다.

표준화된 시스템

조직을 우선으로 하는 직원을 양성하라

삼성의 경영이념 중 '인재제일(人才第一)'이란 말이 있다. 이처럼 삼성은 인재를 소중하게 여기기 때문에 우수한 사람을 공채로 선발하여 집중적인 교육을 통해 양성한다. 또한 이들을 개인적인 인간관계로 평가하는 것이 아닌 객관적인 기준을 가지고 평가하기 위해 인사고과를 실시한다. 개개인의 능력과 업무 성과에 따라 인사고과를 실시하고, 그 평가를 반영하여 승진의 결정적인 기준으로 삼는다. 일부에서는 냉정하다고 생각하기도 하지만 결국 이런 합리적인 인사고과 제도가 사원들을 더욱 열심히 일하게 만드는 원동력이 되었다. 인사고과에 의한 승진은 사원들의 욕구를 더욱 불태우게 했다. 또한 그 욕구가 자신의 역량을 키워주는 요인이 되기 때문에 높아진 직원의 능력만큼 회사도 자연스럽게 발전해나갔다.

삼성은 '탁월한 리더가 아닌 조직을 우선으로 하는 직원이 초우량기업을 만든다'는 인재관을 가지고 있다. 그렇기 때문에 공평한 인사고과 이외에도 '순환보직'이라는 제도를 활용했다. 1990년대 중반까지만 해도 삼성은 신입사원을 채용할 때 '어느 회사, 어느 부문' 등의 지원 분야 란이 존재하지 않았다. 이는 삼성그룹에 입사한 것이지 어느 회사, 어느 부문으로 입사한 것이 아니라는 판단 때문이었다. 또한 모든 보직을 경험하게 하여 다양한 체험을 하게 만들었다. 이는 조직을 우선시하는 인재를 만들어내겠다는 인재관 때문이기도 했다. 따라서 채용된 인력은 두 달 가량 합숙연수를 받은 후에 회사와 보직이 결정되었다. 전공이나 특성, 자질 등을 고려하여 배치를 하되 본인의 의사와 다른 곳에 배치가 되는 경우도 적지 않았다. 그 후에는 해당 부서에서 필요한 교육을 받고 실무를 진행했다.

현재 한 부서에서 근무를 한다고 하여 계속해서 그 일만 하는 것은 아니다. 필요에 따라 보직이 바뀌기도 한다. 순환보직 제도는 직무 간 또는 본·지점 간의 순환근무로 이어지기도 한다. 이 제도는 조직 개편이나 신규 사업을 시작할 때 내부에서 훈련된 인력을 배치하여 조직의 유연성을 살릴 수 있다. 또한 기획, 생산, 유통 과정의 여러 단계에서 긴밀한 조정을 가능하게 해주기 때문에 조직이 원활하게 운영될 수 있다. 따라서 관리자급이 되면 순환근무를 하는 일이 더욱 빈번히 일어난다.

본사 스태프 부서에 근무하던 관리자가 일선 영업점으로 나가기도 하고 생산 부서에 있던 관리자가 본사 스태프 부서의 관리자로 근무하기도 한다. 이는 경력 개발에 도움이 되고 나아가 경영 관리자가 될 때를 대비할 수 있다. 임원이 되면 기존의 회사에서 근무하기보다는 이직을 하는 경우가 적지 않다. 삼성생명의 관리담당 임원이 삼성전기의 자금담당 임원이 되기도 한다. 자신의 전공과는 상관없는 분야에 배치된 후 새롭게 공부를 하여 전공을 바꾼 사람도 적지 않다. 이는 자신의 전공 분야만을 찾아 직장을 옮기는 미국의 방식과 확연히 다르다. 대부분의 미국 직장인은 자신의 전공이 아닌 부분에 배치되면 곧바로 회사를 옮긴다. 그러나 삼성인들은 회사를 위해 자신의 전공을 바꿀 수 있다고 생각하고 순환보직을 당연한 것으로 여긴다.

모든 감사는 내부에서 완벽하게 해결하라

고 이병철 회장 시절부터 삼성에는 감사팀이 있었다. 감사팀의 주된 임무는 임직원들의 비리나 부정을 적발하는 것이다. 고 이병철 회장이 경영을 하던 시절에는 기업에 감사팀이 있어도 좋은 게 좋은 거라며 서로 조금씩 입장을 봐주었지만 삼성의 감사팀은 다른 기업과 전혀 달랐다. 일설에 의하면 삼성의 감사팀은 정부의 감사원보다 더 철저하고 엄격하게 감사를 진행했다고 한다. 이처럼 삼성의 내부 감사가 엄격했던 이유는 고 이병철 회장의 신념 중 하나였던 신상필벌(信賞必罰) 원칙을 실현할 수 있는 방법이었기 때문이다.

이병철 전 회장은 신상필벌에 대한 엄격한 잣대를 가지고 있었다. 그는 삼성을 경영하면서 늘 '무능한 직원은 용서할 수 있으나, 부정한 직원은 용서할 수 없다'라는 생각을 가지고 직원들을 대했다. 감사에서 지적된 직원에게는 회사에서 취할 수 있는 엄중한 벌을 가했다. 부정한 일이나 문제가 발견되면 그 즉시 감봉 혹은 파면 처리하는 것도 서슴지 않았다. 이런 강력한 감사팀이 존재했기 때문에 감사는 직원들에게 상당한 압박으로 작용했다.

철저한 감사 문화가 삼성 내부에 정착되면서 임직원들 사이에서는 부정한 일과 담을 쌓는 풍토가 생겼다. 이는 대외적으로 '삼성인들은 원칙을 지킨다'라는 인상을 심어주는 계기가 되어 깨끗한 기업 이미지를 가질 수 있었다. 그러나 내부의 불만도 만만치 않았다. 직원들이 일에 집중을 해야 하는데 지나친 감사팀의 압박 때문에 업무 처리를 소극적으로 하게 되고, 그것이 곧 내부 불신을 일으킨 다는 비판의 소리가 여기저기에서 들려왔다. 삼성은 이러한 임직원 들의 의견을 수용하였다. 이건희 전 회장은 취임을 하면서 감사팀 의 위상을 적당히 약화시키고 성격에 변화를 주어 '전략지원팀'이 라 불리는 새로운 감사팀을 만들었다. 외형적으로는 조직이 축소되 었지만, 조직 내에서는 여전히 막강한 파워를 자랑한다. 하지만 전 과 크게 달라진 점은 고 이병철 회장 시절에는 감사의 성격이 임직 원의 부정감사였다면, 지금은 경영 진단으로 바뀌어 직원들이 감사 때문에 업무에 소극적인 자세를 가지고 일하는 모습이 사라지는 효 과를 보았다.

삼성의 새로운 감사팀인 전략지원팀은 각 계열사별로도 자체 경 영 진단팀을 운영하면서 비리 혐의가 포착되면 때를 가리지 않고 수시로 집중 감사에 돌입해 문제를 해결했다. 이로 인해 삼성의 모 든 비리를 뽑아낼 수 있었다.

상품 개발 기술

첨단 기술로 경쟁우위를 차지하라

삼성의 반도체 사업은 가전제품과 컴퓨터에 들어가는 반도체를 생산·공급하면서 생산 시설과 기술적인 면에서 비약적인 발전을 거듭했다. 삼성이 반도체 사업에 뛰어든 뒤 금성사(현 LG전자), 대우전자, 현대전자에서도 반도체 사업을 시작했으나 삼성과 같은 큰 성공은 거두지 못했다. 대우전자는 사업을 시작한 지 얼마 지나지 않아 철수했고, 금성과 현대가 어느 정도 유지되다가 결국 하이닉스로 합병되면서 완전히 손을 떼게 되었다. 삼성은 선진 반도체 기술 확보를 위해 해외에서 고급 두뇌를 적극적으로 유치하였다. 현재 삼성그룹에는 4,200여 명의 박사급 인력이 포진되어 있다. 그들이 세계 일류 수준의 기술을 개발하고 최첨단 분야의 각종 기술 특허를 만들어내고 있다. 삼성은 생산 시설 투자에도 적극적이어서 삼성전자 수원 생산 단지의 40만 평은 연구 시설로 가득하다. 기흥 지역 30만 평에도 삼성의 반도체 최첨단 공장 시설이 들어서 있으며 인근 아산에도 생산 공장이 있다. 기존 시설 이외에도 2012년까지 국내에 24개 반도체 생산라인과 6개 연구라인을 갖추어 세계 최대의 반도체 단지를 조성한다는 계획을 가지고 있다. 이 모든 것을 가능하게 한 것은 금성사, 대우전자, 현대전자에는 없는 삼성의 첨단 기술 때문이다.

삼성의 낸드플래시 메모리 반도체 개발은 일본 기업의 아이디어를 차용하여 창조적 기술 혁신을 통해 이루어낸 좋은 사례다. 1990년대에 일본의 전자기기 제조 회사인 도시바가 낸드 구조 메모리를 연구 논문 차원에서 발표했다. 삼성은 그것이 실제 시장에서도 수요가 있을 것이라 판단하고 제품으로 활용해보겠다는 계획을 세웠다. 그리고 연구 끝에 개발에 성공했다. 이는 예상한 것처럼 확실한 수요가 있었다. 1990년대 소니가 디지털카메라를 시장에 내놓았지만 메모리칩 용량이 작아 사용자들의 불편이 많았다. 이러한 경험을 통해 삼성은 창조적 기술 혁신을 경험하였고, 새로운 시장 창출 및 개척에 자신감을 가지게 되었다. 물론 첨단 기술 개발에는 핵심인재의 확보가 중요한 과제다. 앞서 말했듯 현재 4,200여 명의 박사급 인원이 포진하고 있지만 삼성전자는 여전히 인재 영입을 게을리하지 않는다. 삼성전자는 핵심인재 영입을 전담하는 'IRO(International Recruit Officer)'라는 특수 조직을 가동하고 있다. 전 세계에 배치된 20여 명의 요원이 각 지역의 우수 인력을 발굴하고 지속적으로 접촉하면서 유치 활동을 벌이고 있다. 삼성전자가 유치 대상으로 선정한 외국 우수 인력 리스트만 해도 3만 5,000여 명에 이르는 것으로 알려져 있다. 이 중 10%는 어느 때나 접촉이 가능할 정도로 관리가 이뤄지고 있으며 나머지도 꾸준히 친밀도를 높이고 있다.

세계적인 철강 컨설팅 회사인 WSD는 세계 철강 업체에 대한 평가를 시작한 2004년 이래 계속해서 포스코를 세계 1, 2위의 경쟁력을 보유한 업체로 발표했다. 세계적인 경제 주간지인 〈포브스〉도 '명망 있는 글로벌 기업'이란 조사에서 포스코를 국내 기업 가운데 1위, 세계에서는 43위의 기업으로 선정한 바 있다. 포스코가 이처럼 높은 브랜드력을 확보하게 된 것은 포스코가 보유하고 있는 세계 최고의 첨단 기술 덕분이다. 포스코는 창립 당시 해외 어느 국가에서도 투자를 유치하지 못했다. 고심을 하던 끝에 대일 청구권 자금에 의존하게 되었고 일본에게 구걸하다시피 하여 기술을 확보했다. 이러한 과정을 바탕으로 하여 포스코는 오늘날에 이르게 된 것이다.

포스코는 원천 기술 없이 선진 기술을 도입해 개량하고 고도화하는 단계를 거치며 기술과 기술 인력의 중요성을 실감했다. 이는 연구 개발에 대한 과감한 투자로 이어져 사내에 기술연구원을 두는 계기를 만들었다. 또한 응용연구 중심의 포항산업과학연구원(RIST)과 연구 중심 대학인 포스텍, 철강전문대학원을 설립함으로써 기술력을 앞세운 장기적인 기업 발전의 토대를 구축하게 되었다. 기술력을 바탕으로 한 높은 경쟁력은 세계적인 경제위기 속에서도 흔들림 없이 철강재를 공급하는 기반이 되어 수출은 물론 자동차, 조선, 가전 등 관련 수요 산업의 안정적인 활동을 지원하고 있다. 이는 우리 경제가 위기에서 벗어나 안정을 찾아가는 원동력이 되어주었다.

기술과 인재를 중시하고 미래를 위한 투자를 지속적으로 수행해나가는 삼성전자와 포스코. 불모지에서 꽃을 피운 그들의 성공 신화는 앞으로도 좋은 귀감이 될 것이다.

경쟁사를 꼼짝 못하게 하는 기술 기지를 세워라

1987년, 삼성은 첨단 기술의 개발을 프로세스화하기 위해 삼성종합기술원을 설립했다. 이곳은 삼성전자의 핵심 기술이 탄생하는 곳으로 세계적 수준의 성과를 올리고 있다. 삼성종합기술원의 대표적인 성과는 차세대 영상 압축 기술인 'MPEG-4'로서 이는 세계 표준의 11%를 점유하고 있다. 또한 디지털용 컬러 영상 원천 기술 개발과 신소재 탄소 나노튜브(CNT: 직경이 10억 분의 1m 정도밖에 되지 않는 극미세 물질)를 이용한 차세대 전계 방출 디스플레어(FEP)를 세계 최초로 개발하였고 세계 최다 다중 안테나 표준화 기술(국제 표준 40%) 등을 보유하고 있다.

삼성종합기술원은 미래 신규 사업 창출을 위한 프론티어 기술을 연구하고 전략 사업 경쟁력 강화를 위한 기술 개발과 중장기 기술 전략 제시 및 기술 자문의 역할을 목적으로 하고 있다. 한편 우수한 기술 리더의 육성과 시뮬레이션 기술, 분석 기술의 운영 및 개발을 통한 삼성 관계사 지원 역할도 수행하고 있다. 삼성의 연구 개발은 각 계열사의 사업부 개발실, 각 계열사 연구소, 삼성종합기술원 등의 3원화 체제로 운영되고 있다. 사업부 개발실은 품질 개선 등의 개발을, 각 계열사 연구소는 단기 개발을, 삼성종합기술원은 중장기 개발을 수행하고 있다. 삼성종합기술원은 각 계열사를 위해 좀 더 효율적인 연구 개발이 될 수 있도록 관계사의 기술과 비즈니스의 로드맵 작성, 디자인 전략 등의 활동을 함께 진행하고 있다. 또한 기술경영의 선진화를 위해 트리즈(TRIZ), 컨커런트 엔지니어링, 기술경영(MOT) 등의 기법도 실시하고 있다.

삼성종합기술원의 연구 분야는 정보기술, 시스템&제어, 소재&부품, 화학, 기술 컨설팅으로 구분할 수 있다. 정보기술 분야에서는 미래 인간 중심의 고도 정보화 사회에 대비하여 정보화 사회 속에서 삶의 질을 향상시킬 수 있는 멀티미디어 정보 지능화 처리 및 광대역 전송 등의 핵심 기술을 연구하고 있다. 화학 분야에서는 일상생활에 폭넓게 응용될 수 있는 고분자재료, 신의약, 전기화학 및 에너지 관련 화학 분야 및 소재를 중점적으로 연구하고 있다. 이를 통해 수종 사업을 창출하고 관계사의 전략 사업을 지원하고 있다. 기술 컨설팅 부문에서는 컴퓨터 시뮬레이션을 통해 프로세스를 정량화시키고 설계 최적화를 통해 개발 기간을 단축할 수 있도록 지원히며, 재료물성 및 불량 원인 분석 등을 통해 삼성 각 계열사의 제품, 기술 품질의 안정화를 지원하고 있다.

연구원의 평균 나이는 36.8세, 연구원 830명 중 350여 명이 박사학위를, 400여 명이 석사학위 소지하고 있다. 연구원 1인당 1년 평균 연구 개발비와 교육비는 각각 2억 7,000만 원과 250만 원에 달하고 교육 시간은 192시간으로 제너럴 일렉트릭(GE) 등 미국의 초일류기업을 능가한다. 이렇게 삼성의 전격적인 지원을 받는 삼성종합기술원의 연구로 인해 삼성전자는 경쟁자를 이길 수 있는 가장 큰 힘인 기술력을 갖추게 된 것이다.

세계 최초에 집중하라

한국 정부는 1980년대부터 통신 기술 자립을 위해 여러 가지 노력을 해왔다. 이에 1989년 한국전자통신연구원은 정부에 CDMA(Code: Division Multiple Access) 방식의 채택을 건의하였고, 정부는 1990년 1월, CDMA 기술 개발을 국책 과제로 채택했다. 그리고 1996년까지 CDMA를 상용화하겠다고 발표했다. CDMA 개발 사업은 체신부가 연구 개발의 총괄정책을 결정하고 한국전자통신연구원(ETRI)이 연구 개발을 주도했다. 통신기기 제조업체로부터 기술 인력을 지원받아 신제품을 개발하고 이를 바탕으로 참여한 제조 업체들이 상용화 제품을 생산한다는 계획이었다. 한국전자통신연구원은 이를 위해 1991년 3월에 미국 퀄컴사와 'CDMA IS-95' 기술을 기반으로 한 기지국 제어장치, 기지국 단말기를 공동으로 개발하기로 했다. 단, 교환기는 퀄콤이 독자적인 기술을 가지고 있지 않으므로 'TDX-10'을 공동 개발하기로 했다.

CDMA 시스템 기술 개발에는 LGIC, 현대전자, 삼성전자가 참여하고 단말기 개발에는 LGIC, 현대전자, 삼성전자, 맥슨전자가 참여했다. 하지만 불안정한 기술을 여러 회사가 공동으로 진행하는 과정에서 여러 가지 문제가 발생했고, CDMA 사업을 착수한 지 2년이 지나도록 별 진척이 없었다. 1993년에 정부는 공동 개발 체제로는 CDMA 기술 개발이 어렵다고 판단하고 한국이동통신 산하에 이동통신 기술 개발 사업관리단을 발족시키고 서정욱 박사를 사업관리단 단장으로 선임했다. 서정욱 단장은 공동개발 체제를 중단시키고 한국이동통신에 기술력을 집중시키도록 지시했다. 사업관리단은 금성정보통신(현 LG전자)과 협력하여 STAREX CMX 교환기를 개발해 1994년 11월, 최초로 CDMA 방식의 시험 통화에 성공했다.

CDMA 상용화에 가장 어려운 점은 기존의 아날로그 시스템과 디지털 시스템을 연동하는 듀얼모드(Dual Mode)였으나 이는 기술적으로 해결을 했고, CDMA 기술 개발이 완료되는 시점에서 경인고속도로에서 상용화 테스트를 했다. 그리고 1996년 1월 1일, 한국이동통신은 세계 최초로 CDMA 방식의 디지털 서비스를 서울과 인천 지역에 실시할 수 있었다. 그동안 이동통신 서비스 기술을 유럽이 GSM 방식으로 독점해왔다. 한국이 CDMA 방식에 성공한 것은 세계 이동통신 시장에 지각변동을 예고하는 경이적인 일이었다. 그 후 CDMA 방식은 한국이동통신의 표준이 되었고 미국과 세계 다른 나라들도 CDMA 방식을 채택하게 되었다. 이후 CDMA 기술은 휴대폰 기술에도 영향을 미쳐 국내 휴대폰 수요가 급증하게 되었다. 이는 삼성전자와 LG전자와 같은 휴대폰 업체들이 수출을 하는 것에 커다란 기여를 하게 되었다.

실천형 인재 양성

필기시험을 폐지하고 직무 능력을 평가하라

앞서 말했듯 삼성은 전통적으로 신입사원을 선발하여 발전시키는 방식을 선호하기에 좋은 인재를 뽑기 위한 선발과정에 많은 신경을 쓴다. 특이한 것은 삼성은 필기시험을 실시하지 않는다는 것이다. 자세히 설명하자면 삼성의 채용 방식은 크게 세 가지로 나눌 수 있다. 필기시험 대신 치러지는 직무적성검사와 응시자 중심의 프레젠테이션 면접 방식, 인재 특성별 채용 방법이 그것이다. 이 방법에 외부 자문 교수들과 함께 2년에 걸쳐 개발한 인재 채용 프로그램인 S.S.A.T(Sam Sung Aptitude Test)를 적용하고 있다. 검사 목적은 테스트를 받는 사람이 어떤 상황에서 어떻게 잘 대처하고 해결할 수 있느냐에 초점이 맞춰져 있다. 물론 책에서 배운 내용이 나오지 않기 때문에 정해진 답안은 없다. 종래의 번호 고르기나 단순 주관식으로는 진정한 능력과 현실 적응력을 판단할 수 없기 때문에 만든 평가 제도다.

대기업에 입사하기 전에 대부분의 사람이 자신의 철학이나 봉사 정신 등 기출문제와 모범 답안을 외우는 것에 신경을 쓴다. 하지만 기업은 암기 기계가 아닌 창조적 인재를 필요로 한다. 컴퓨터가 있는데 암기 기계를 뽑을 이유는 없지 않은가. 기업에는 창의적인 사람이 필요하다. 삼성은 이를 개선하기 위해 S.S.A.T를 도입한 것이다. 삼성이 원하는 사람은 획일적이고 수동적이며 소극적인 사람이 아닌 폭넓은 지식과 경험을 가진 창조적이고 적극적이며 진취적인 인재다. S.S.A.T는 그룹에 다양하게 나누어진 직군별로 그에 따라 요구되는 일반 능력과 지각 능력, 사고의 유연성, 상황 판단력, 창의성 등을 측정한다. 기업이라는 조직에 들어온 뒤 발휘할 수 있는 직무 수행 능력과 직무 적응력 등이 어느 정도인지 체크하는 것이다.

S.S.A.T의 검사는 기초지적능력검사(A.I: Academic Intelligence)와 직무능력검사(P.I: Practical Intelligence)로 나뉘어져 있다. 타 기업의 경우 기초지적능력검사 항목은 상식이나 한문, 영어 등의 능력으로 대체하는 것이 보통이지만 삼성은 다섯 가지 분야(언어력,

수리력, 추리력, 공간지각력, 지각속도력)로 검사 항목을 나눈다. 직무
능력검사는 업무 능력, 대인관계 능력 등을 평가하는 것이다. 실제
기업조직 안에서 자주 일어날 수 있는 여러 가지 업무 관련 시나리
오와 각 상황이 응시자에게 제시된다. 이 역시 적성검사와 마찬가
지로 응시자가 의도적으로 검사 결과를 조작하거나 자신의 진정한
뜻을 숨길 수 없다. 현재 삼성은 '대졸 신입사원 채용'이라는 말 대
신 인재의 기준을 '대졸자'가 아닌 '대졸자에 준한 지적 수준(전문
지식, 어학)과 소양을 갖추고 능동적 업무 수행이 가능한 인재'로 바
꾸었다. 경제 문제로 인해 대학에 진학하지 못했거나 제대로 정규
교육을 받지 못한 사람이라도 삶에 대한 자세가 성실하고 폭넓은
경험과 자기계발을 위해 꾸준히 노력했다면 S.S.A.T를 통해 삼성인
이 될 수 있다.

이후 삼성의 S.S.A.T는 타 기업에도 인재채용에 대한 많은 인식
변화를 유도했다. 실제로 필기시험을 폐지하고 삼성과 유사한 채용
방식을 따르는 기업이 늘고 있다. 시대가 발전함에 따라 그 어느 때
보다도 창조적 인재가 절실히 요구되고 있다. 이제 채용시험 또한
단편적인 지식보다 종합적이고 미래성 있는 풍부한 잠재성을 테스
트하는 장으로 바뀌고 있다.

회사 철학을 이행하는 직원을 양성하라

아무리 능력이 출중하다 할지라도 자신의 회사와 철학이 일치하지 않으면 가지고 있는 모든 역량을 쏟아내기 힘들다. 그래서 회사의 철학과 일치하는 직원을 뽑고 양성하는 것은 참으로 중요하다. 삼성은 직원들에게 적극적으로 자기계발의 기회를 주어 자신의 분야는 물론 다른 분야까지 폭넓게 이해하는 'T자형 인재', 즉 창조적인 인재로 양성하는 인재 육성 철학을 가지고 있다. 직원들 또한 이러한 회사의 지원이 곧 자신의 발전으로 이어진다는 것을 잘 알고 있다. 이와 함께 파격적으로 지급되는 인센티브는 내부 경쟁을 유도하여 능률을 향상시킨다. 삼성에는 신상필벌 제도로 열심히 일한 자는 큰 보상을 받을 수 있는 '민주적인' 시스템이 정착되어 있다.

삼성은 미래에는 한 가지 전문 분야에만 정통하고 다른 분야에 대해서는 아무것도 모르는 'I자형 인재'보다는 전 분야에 박학다식한 'T자형 인재'가 인정받는 시대가 될 것이라는 철학 아래 직원을 양성하고 있다. 미국 유수의 대학 박사학위를 받은 인재를 임원 자리에 앉혔으나 종합적인 안목과 경영 능력에서 역부족인 경우가 적지 않았다. 이를 극복하기 위해 입체적 사고와 종합적 안목을 가진 인재 만들기에 중점을 두기 시작한 것이다.

조직의 미래전략은 인재에 의해 좌우된다는 판단으로 우수한 인재 확보에 회사가 직접 나서기도 한다. 국적에 관계없이 인재를 영입하고 석·박사급 인력 또한 매년 1,000명씩 늘리고 있다. 이건희 전 회장은 부회장 시절, 일본의 오디오 핵심 기술자를 당시 엔지니어 평균 급여의 5배를 주며 파격적인 대우로 영입했다. 반도체 사업 초기에는 인텔 등 반도체 선진 회사에서 5명의 한국인 전문기술자에게 연봉 20만 달러씩을 제시하고 실리콘밸리 현지에서 직접 데리고 오기도 했다. 고 이병철 회장은 철저히 내부 승진 중심의 순혈주의 인사 정책을 고집했으나 이건희 전 회장은 삼성과 철학이 맞는 우수한 인재라면 비록 삼성 문을 박차고 나간 사람이라 할지라도 재영입해야 한다고 주장할 정도로 회사 철학을 이해하는 능력 있는 직원을 양성하는 데 힘을 쏟았다.

고 최종현 전 SK그룹 회장은 인재를 육성하고 양성하는 철학에 대해 이야기하면서 다음과 같이 말했다.

"나무도 사람 키우는 것과 같다. 서양 사람들이 잘 먹기 때문에 체격이 좋다. 이처럼 나무도 잘 먹이고 보살펴야 제대로 클 수 있다. 사람 키우듯 나무를 키워라."

실제로 SK그룹은 '나무 심는 글로벌 기업'으로 통한다. 1972년 당시 서해개발주식회사(현재의 SK건설 임업 부문)를 설립한 것을 계기로 지금까지 꾸준히 나무를 심어왔다. 다른 기업에서는 찾아볼 수 없는 SK의 이런 나무 사랑은 그룹 특유의 인재 육성 철학으로 자리 잡았다. 그래서 SK 신입사원과 신임 임원들의 필수 교육과정으로 인등산에 조성된 '인재의 숲'을 산행한다. 또한 기업 철학을 이어가기 위해 주요 행사가 있는 날에는 무조건 나무를 심는다. 최종현 전 회장이 처음 나무를 심은 1973년부터 SK그룹이 고교생 퀴즈 대항 프로그램인 '장학 퀴즈'를 단독 후원하기 시작한 것도 SK그룹의 인재 양성 철학에서 비롯된 실천이었다. 당시 최종현 전 회장은 장학 퀴즈 관계자들에게 "난 30년을 보고 나무를 심는 사람이다. 사람이나 나무나 쓸 만한 재목이 되는 데 30년은 걸린다"라고 말하며 인재에 대한 철학을 강조했다.

에디슨이 없다면 에디슨을 만들어내라

"우리가 진 이유를 알겠다."

2002년 5월, 삼성그룹의 용인연수원에서 일본 산요의 최고경영자 이우에 사토시(井植敏) 회장이 외마디 탄성을 질렀다. 이우에 회장을 수행하던 직원들의 표정도 심상치 않았다. 그들이 탄성을 지른 이유는 바로 삼성의 연수원 때문이었다. 그들은 삼성의 인재 양성 체계에 대한 소개를 듣고 연수원 건물인 '창조관'을 둘러봤다. 그리고 26박 27일 동안 강도 높게 펼쳐지는 삼성의 신입사원 입문 교육, 600여 개의 콘텐츠가 구비된 온라인 교육에 대한 설명을 들었다. 삼성 성공의 기틀이 사원들의 교육을 통한 인재 개발에 있었음에 이런 반응을 보인 것이다. 불과 30여 년 전만 해도 삼성은 오늘날 삼성전자의 전신이 되었던 산요와의 합작회사(삼성산요파츠)를 세우고 전자 사업을 시작했다. 그 당시에는 보잘것없는 작은 회사에 불과했던 삼성이 체계적인 인재 양성을 통해 이제는 세계 일류기업이 되었다는 현실에 이우에 회장은 격세지감(隔世之感)을 느꼈을 것이다.

이건희 전 회장은 취임 직후 인재 양성을 위해 원래 있었던 건물(호암관) 외에 제2연수원(현 창조관)을 지을 것을 지시했다. 그리고 이병철 회장의 49제가 끝나자마자 바로 제2연수원 건립에 대한 첫 보고가 이루어졌다. 이 건물이 완공된 후 호암관은 외국어생활관으로, 창조관은 그룹 핵심인재 양성교육관으로 이용되는 등 삼성 전체 13개 연구소에서 하루 3,700여 명이 동시에 교육을 받을 수 있는 세계 최대의 인프라를 가지게 되었다. 이건희 전 회장은 기업이 인재를 양성하지 않는 것은 기업을 망하게 만드는 최악의 행동이라고 생각했으며 삼성이 인재들의 창조적 능력이 맘껏 발휘되는 두뇌 천국이 되기를 바랐다.

포스코는 포항의 중소기업 연구원과 똑같은 설계도로 대규모 연수원을 지어 사원과 간부를 교육시킨다. 날로 치열해지는 철강 전쟁에서 포스코가 리딩 컴퍼니로 생존하기 위해서는 인재 관리가 필요하다고 생각하고, 전체 사원 중 매년 10% 가량을 HPT(High Potential Talent) 후보자로 선발하여 체계적인 인재 교육을 시키고 있다. 대상자는 10년 차 과장급 직원까지다. 기업 운영과정에서 접하게 되는 문제해결 능력을 키우기 위해 교육을 경영 성과에 직접 반영하며 직원을 양성하고 있다.

LG그룹은 경기도 이천에 연수원인 인화원을 지었다. 이곳은 연수시설뿐 아니라 복지시설까지 갖추어져 있어 연수와 복지를 동시에 충족시키고 있다. LG그룹 CEO들은 매년 한두 차례씩 인화원에 모여 경영전략에 대해 토의를 한다. 직원들에게 필요한 '핵심인재 교육, 직급 필수 교육, 경영 일반 교육, 국제화 교육' 등의 과목을 마련하고 온·오프라인에서 꾸준히 교육을 지원하고 있다.

현대그룹은 용인에 대규모 연수원을 지었고 SK그룹은 워커힐과 이천에 연수원을 운영하고 있다. 대규모의 연수원에는 교육 효과 극대화를 위한 최첨단 강의장 운영시스템을 구비하고 있다.

신입사원을 강하게 키워라

앉아서 모든 것을 알 수는 없다. 더구나 상품을 기획하고 만드는 사람은 영업의 고된 점도 피부로 느껴볼 필요가 있다. 아무리 뛰어난 상품이라도 팔 수 없다면 회사 매출에 아무런 도움이 되지 않는다. 팔리는 상품을 만들기 위해서는 현장 경험이 중요할 수밖에 없다. 이에 삼성은 신입사원에게 상품을 '장사'하는 법을 교육시킨다.

삼성의 많은 교육 프로그램 중 구매 실습 교육인 '라마드(LAMAD:

Life Adjustment Marketing Ability Development)'는 20년째 실시되고 있지만 신입사원들에게 항상 신선한 충격을 던져주고 있다. 이것은 신입사원들이 팀 단위로 한 번도 가보지 않은 지역에서 삼성의 각종 제품을 직접 판매해보는 것이다. '라마드'라는 구호를 외치며 신입사원들은 디지털카메라, CD플레이어, 쌍안경 등을 판매한다.

라마드를 실시하는 목적은 신입사원들로 하여금 불특정 다수에게 제품의 특성을 설명하고 판매하면서 고객을 만족시키는 일이 얼마나 어려운지 체험토록 하는 것이다. 이로 인해 기업 경영에 있어 판매가 얼마나 중요한 것인지 실감나게 느낄 수 있으며, 고객을 이해하고 시장의 흐름을 파악하는 계기가 된다. 전문 엔지니어로 입사한 이공계열 신입사원도 예외가 아니다. 이공계 인력들도 미래 최고 경영자가 되기 위해서는 기술뿐 아니라 경영과 시장의 원리를 체득해야 한다. 이는 '기술밖에 모르는' 인재가 아니라 많은 경험을 가진 '최고 경영자'를 만들기 위한 인재 복합화 과정의 하나로 볼 수 있다. 이러한 생존 적응 훈련을 통해 신입사원들은 도전 의식을 가지고 자신감과 실천력을 배양하며 팀워크의 중요성을 인식하게 된다. 또한 소비자의 입장에서 생각하는 방법을 배우게 된다. 파는 사람이 상품에 대한 지식과 신뢰감이 없다면 효과적인 세일즈를 하기 힘들다는 사실도 몸소 느끼게 된다. 또한 고객들의 목소리를 직접 들을 수 있는 소중한 경험을 할 수 있다. 서비스에 대해 고객들의 불만과 불평의 소리를 듣는 경우도 있다. 물론 그 순간은 참으로 괴로울 것이다. 하지만 제품과 기업의 발전은 거기에서부터 출발한다. 이러한 불만과 불평을 해소하지 못하면 기업의 미래를 기약할 수 없다. 신입사원들은 직접 경험을 통해 자신이 소속된 기업을 한 단계 업그레이드시킬 소중한 자산을 얻게 된다. 제품에 대한 부정적인 반응을 통해 판매가 목적이 아닌 고객의 소리를 듣는 것이 목적이라는 것을 배우게 된다.

삼성은 항상 창조경영이란 눈이나 글로 하는 것이 아니라는 것을 강조한다. 삼성의 신입 교육과정 중 일부인 라마드도 몸으로 실천하는 창조경영의 한 예라 할 수 있다. 이런 모든 제도는 신입사원에게 국내 최고인 삼성그룹의 일원이 되었다는 자부심을 심어줄 수 있다. 이러한 과정들을 통해 기업은 더 강해지는 효과를 보게 된다.

신입사원들을 비롯한 구성원 모두에게 효과적인 일 처리 방법들이 마련되고, 그것이 내재화될 수 있다면 강한 기업 문화가 형성되었다고 할 수 있다.

SK그룹은 'SKMS'라는 이름으로 기업 문화를 성문화하고 있다. 강한 기업 문화의 모습은 기업마다 다르게 나타난다. 기업에서 오랫동안 쏟는 노력의 결과로 구축되는 기업 특유의 강한 기업 문화는 위기 속에서 더욱 빛을 발한다. 우리 국가대표 축구팀을 처음 맡은 히딩크 감독은 현란한 개인기를 가진 선수보다는 자신의 철학을 따르는 선수들을 모아 팀을 구성했다. 그리고 기초체력 보강을 통해 모든 선수가 공격수와 수비수의 역할을 동시에 수행할 수 있도록 하는 것이 월드컵에서 강호들과 경쟁할 수 있는 유일한 길이라고 판단하고 훈련을 진행했다. 물론 이 과정에서 많은 비난의 소리도 들어야 했다. 하지만 결과는 어떠했는가. '2002년 월드컵 4강 진출'이라는 결과는 온 국민의 마음을 설레게 할 정도로 위대했다. 히딩크 감독처럼 우리 기업들도 각 기업이 가진 특유의 장점을 찾아내고 극대화하여 강한 기업 문화 요소로 만들어나가는 노력이 필요하다. 강한 기업 문화를 가진 기업은 뿌리 깊은 나무가 바람에 잘 흔들리지 않듯 어떠한 기업 환경의 불확실성과 위기 속에서도 결코 쉽게 흔들리지 않을 것이다.

리더부터 양성하는 학습 조직을 만들어라

기업이 변하기 위해서는 리더가 먼저 솔선수범해야 한다. 이에 삼성은 고 이병철 회장 시절부터 위에서부터의 교육을 중시했다. 첫 단추는 늘 회장이 사장을 교육시키는 것에서 시작되었다. 고 이병철 회장은 도쿄 구상을 하고 국내에 돌아오면 사장단과 임원들의 인사를 실시했다. 새로운 구상에 의해 조직을 개편하고 새로운 임원이 선임되면 삼성연수원에서 합숙을 하면서 새로운 경영 기법과 관리 기법에 대해 교육을 받게 했다. 신경영을 선포한 이건희 전 회장의 임원 교육은 과거 방식보다 강도가 더 높았다. 단기교육에 머물지 않고 파격적으로 장기교육을 실시하였다. 임원이 현직에서 떠나 1년 동안 교육을 받도록 했다. 그동안 체득한 과거의 경험주의적 관리방식으로는 신경영을 펼쳐나가는 데 한계가 있다고 생각했기 때문에 과감한 교육을 실행한 것이다. 또한 1년 동안의 해외연수를 통해 새로운 경영방식과 글로벌 스탠더드를 익히는 기회를 주었다. 1년 간의 교육 중 전반 6개월은 국내에서, 후반 6개월은 미국의 경영대학원 등에서 연수를 하도록 했다. 국내 6개월 교육과정에는 영어학습과 IT 기본 기술을 익히도록 했다. 컴퓨터에 약한 임원이라면 워드프로세스부터 가르쳐서 인터넷을 조작하고 IT솔루션을 이용할 수 있는 수준으로 끌어올렸고, 영어회화 능력을 높여 외국인과 직접 의사소통이 가능하게 만들었다. 실력이 더욱 배양되면 상담과 프레젠테이션까지도 영어로 진행할 수 있도록 했다. 해외 비즈니스에 도움이 될 수 있도록 초일류기업들을 벤치마킹하고 글로벌 인력을 쌓는 일도 게을리하지 않았다. 1년 임원 교육은 이후 몇 년 동안 계속되었고 현재 삼성의 고위경영자들은 대부분 이 교육을 수료했다. 이러한 결실로 대부분의 삼성 CEO는 자신이 직접 ERP 소프트웨어를 이용하고 외국인들과 영어로 자유롭게 의사소통을 할 수 있다.

기업이 꾸준한 성장을 위해 끊임없이 노력하는 기업은 삼성뿐만이 아니다. 포스코는 '상무 2년차' 임원들을 대상으로 세 개의 스터디 팀을 만들었다. 포스코 본사에서 9명, 포스코건설과 포스코파워 등 계열사에서 5명을 뽑았다. 정준양 회장에게서 '글로벌 금융위기 이후 경영 패러다임의 변화' '포스코 패밀리의 지속가능 성장을 위한 경영 체계' '복수노조 문제와 대응 방안' 등의 학습 주제도 내려졌다. 본래 할 일도 많은데 업무 시간을 쪼개 일주일에 두세 번씩 강의를 듣고 토론도 해야 한다. 대충 시간만 때우는 연수가 절대 아니다. 정해진 시간 내에 보고서를 제출해야 하고, 그것을 정준양 회장 앞에서 프레젠테이션을 해야 한다. 스터디 팀에 소속된 상무들은 무조건 10월 중순까지 최종 보고서를 제출해야 한다. 쉽게 접근할 수 있는 주제가 아니라 더욱 빠듯하게 느껴질 수밖에 없다. 하지만 이런 학습 조직을 만든 목표가 임원들부터 그룹 전반에 대한 혜안을 가질 수 있도록 하자는 취지이기 때문에 큰 도움이 되고 있다.

한국의 우량기업은 세계의 어느 기업보다도 절실히 '배움=창조'라는 공식을 감지하여 교육을 연구 개발의 기본으로 삼고 있다. 신입사원만 교육을 받는 시대는 지났다. 정보통신의 발달과 이로 인해 계속해서 밀려오는 글로벌 트렌드는 피할 수 없는 현실이 되었다. 이러한 경쟁에서 살아남으려면 지위고하를 막론하고 더욱 빠르게 새로운 정보와 기술을 습득할 수 있어야 한다. 삼성과 포스코의 임원들은 최신 정보와 기술을 지속적으로 교육받고 훈련받음으로써 시대의 변화를 몸소 느끼고 있다.

지역 전문가를 양성하여 글로벌 시장을 개척하라

삼성의 교육 프로그램 가운데 가장 유명한 '지역 전문가 제도'는 기업의 경쟁력은 물론 직원 개개인의 경쟁력과 국가 경쟁력까지 끌어올린다는 평가를 받고 있다. 전 세계에 흩어져 있는 삼성의 해외 주재원 35%는 이 제도를 통해 양성되었다. 선발된 직원은 현지로 부임하기 전 용인의 삼성인력개발원에서 12주 동안의 합숙 교육을 받는다. 그 뒤 6개월은 어학과 현지화 적응 교육을 받고 나머지 6개월은 직무 관련 과제 연구를 실시한다. 그렇게 하여 지금까지 배출한 지역 전문가의 숫자는 2,800여 명이나 된다. 초창기에는 주로 미국, 유럽 등지의 선진국에서 양성했다면 최근에는 중국, 인도, 러시아 등 '전략 지역'의 지역 전문가를 양성하는 데 역량을 기울이며 전 세계로 뻗어나가고 있다.

지역 전문가들에게는 언어뿐 아니라 해당 국가의 풍물과 제도, 문화를 이해하고 '인맥'을 쌓아두는 일도 중요하다. 따라서 자유롭게 돌아다니며 그 나라에 대해 배우는 과정을 거쳐야 하기에 가족들은 국내에 두고 와야 한다. 강제조항은 아니지만 파견 기간에 친지나 친구를 만나 개인적인 시간을 보내는 경우도 거의 없다. 각 지역 전문가들은 연봉과는 별도로 지급되는 7,000만 원에서 1억 원의 '두둑한' 활동비를 가지고 나이, 지위, 성별, 직업을 가리지 않고 다양한 현지인들을 만나 관계를 형성한다. 삼성의 지역 전문가 한 사람마다 대략적으로 30명의 해외 지인을 만들었다면 현재 전 세계에는 10만 명의 삼성 네트워크가 결성되어 있는 셈이다. 이들이 쌓아둔 인맥은 전 세계시장의 흐름을 읽을 수 있게 하는 가장 정확한 정보를 제공한다.

하지만 삼성에서 지역 전문가로 선발되는 것은 쉬운 일이 아니다. 치열한 경쟁을 뚫고 지역 전문가로 선발되었다 하더라도 외국어 생활관에 입소하여 12주 동안 강도 높은 훈련을 받아야 한다. 외국어 생활관의 일과는 매일 아침 6시 30분에 시작되어 밤 12시를 훌쩍 넘긴다. 수업은 오전 9시 30분부터 시작하지만 8시면 이미 강의실은 꽉 찬다. 어떻게든 10주(전체 교육 중 2주는 전문가 강좌 등) 안에 해당 언어를 익혀야 하기에 아무도 쓸데없는 일에 시간을 허비하지 않는다.

회화와 문법으로 진행되는 정규수업이 끝나면 곧바로 교육생들끼리 소그룹을 형성해 스터디를 진행한다. 그날 배운 내용을 빠짐없이 머릿속에 넣어야 다음날의 진도에 차질이 생기지 않는다. 주 5일제가 시행된 뒤 외국어 생활관도 매주 금요일 밤이면 외출이 허락된다. 일요일 밤에 돌아오거나 월요일 아침에 바로 출근해도 된다. 하지만 대부분 주말 외출을 반납하고 배움에 열을 올린다. 또한 수업시간은 물론 자유시간에도 대부분의 교육생은 전화를 받지 않는다. 한눈팔 시간이 없기 때문에 주중에는 거의 전화를 꺼둔다.

원칙적으로 외국어 생활관에서 생활하는 동안에는 해당 현지어를 써야 한다. 따라서 10주 동안의 '지옥훈련'을 마치고 최종 테스트를 무사히 통과할 때 정도가 되면 2~3년 동안 학원을 다닌 수준에 오르게 된다. 그만큼 치열하게 배움에 몰두한다. 하루 6시간의 정규수업과 10시간 가까운 자율학습, 매주 월요일에 실시되는 강사의 테스트는 점점 교육생들의 눈과 입을 트이게 한다. 모든 과정을 수료하면 현지 전문가로 성장할 수 있는 가장 기본적이면서도 중요한 것을 얻게 되는 것이다.

경영철학의 공유

업(業)의 개념을 분명히 하라

1993년 프랑크푸르트의 켐핀스키 호텔에 있는 회의장에 이건희 전 회장이 굳은 표정으로 모습을 드러냈다. 그는 임원들 앞에서 삼성의 현재 문제점을 지적하며 '양' 경영의 실패를 질타했다. 그리고 '질' 경영으로 대표되는 새로운 경영을 선포했다. 그것이 바로 '마누라와 자식 빼고 다 바꾸자'는 '삼성 신(新)경영'이다. 삼성의 신경영은 세계 1등의 제품, 선진 수준의 서비스, 세계 일류기업 수준의 경영 시스템을 구축할 수 있도록 꾸준히 개혁하자는 것이었다.

이건희 전 회장은 신경영을 주장하면서 "업의 개념을 확실히 알아야만 올바른 경영을 할 수 있다"라고 강조했다. 조직 구성원이 업의 개념을 어떻게 파악하고 있느냐에 따라 사업의 성패가 달려 있고 경쟁력의 열쇠라는 것을 염두에 둔 것이다. 이 회장은 그룹 사장단 회의에서 이런 말을 했다.

"나는 일하고 챙기는 것에 내 나름의 몇 가지 원칙과 습관이 있다. 먼저 목적을 명확히 한다. 보고를 받으려면 보고의 목적과 결정해야 할 일을 분명히 한다. 다음은 일이 본질이 무엇인가를 파악한다. 본질을 모르고는 어떤 결정도 할 수 없다. 본질이 파악될 때까지 몇 번이고 반복해서 물어보고 연구한다. 나는 삼성의 임직원들에게 '업의 개념'에 대해 자주 이야기한다. 그런데도 '당신이 하는 일의 업의 개념이 무엇이냐?'라고 물으면 대부분의 사람이 당황해 한다. 대답할 준비가 되어 있지 않기 때문이다. 그것은 자기가 하는 일의 본질이 무엇인지를 깊이 생각해보지 않았다는 의미다. 손을 들어 달을 가리키며 달을 보라고 외치는데 달은 보지 않고 손만 쳐다보고 있다면 어찌 되겠는가? 목적과 본질 파악이 나의 원칙이라면 숲을 먼저 보고 나무를 보려고 하는 노력은 나의 습관이다."

이런 '업'의 개념 전환은 삼성 에버랜드를 통해 쉽게 살펴볼 수 있다. 에버랜드도 시대와 고객에 따라 바뀌는 '업의 개념'을 빠르게 읽어냄으로써 비고객을 고객화시켜 성공한 대표적인 기업이다. 초창기 에버랜드는 국토개발과 소득증대를 업의 개념으로 삼아 용인

자연농원으로 출발하였다. 전형적인 개발도상국형의 산업 형태였다. 하지만 급속도로 산업의 패턴이 바뀌면서 디지털 시대로의 변화에 맞춰 업의 개념을 '종합 엔터테인먼트 산업'으로 변환해 첨단 테마파크로 진화했다. 지난 1976년에 삼성에서 용인자연농원을 개발할 때에는 유실수 단지를 만들고 돼지를 키웠다. 하지만 시대가 변하고 발전함에 따라 용인자연농원은 에버랜드라는 테마파크로 완벽하게 변신했다. 산업구조의 발전과 인건비 상승 등에 따라 1, 2차 산업이 아닌 3차 산업으로 성장한 것이다.

업의 개념이 바뀌면서 지금의 에버랜드에는 주요 고객인 어린이들뿐 아니라 비고객이었던 성인층까지 대거 몰려들게 되었다. 최근에는 테마파크에 연극적 요소를 도입했다. 테마파크 전체가 무대가 되고 수많은 서비스맨이 연기를 하며 내방객들을 관객인 동시에 주인공으로 만들어주는 것이다. 테마파크를 종합 연출 서비스업으로 다시 '업'의 정의를 한 것이다. 시대에 따라 변하는 업의 개념을 제대로 정립하지 못하면 기업은 한순간에 사라져버린다. 초창기 업의 개념인 자연농원을 고집했다면 지금의 에버랜드는 존재하지 않았을 것이다.

공유가치를 소중히 하라

고 이병철 회장은 신규 사업 등의 주요 아이템을 찾을 때 항상 일본의 경영방식을 따랐다. 그는 매년 연말연시 한 달 정도를 도쿄에 체류하면서 일본의 산업을 살피고 새로운 사업을 구상했다. 새로운 사업을 하거나 제품을 개발할 때도 일본인 전문가나 기술자를 고문으로 초빙하여 삼성 내에서 근무하도록 했다.

그렇게 하여 제일제당, 제일모지, 산성전자 등의 공장이 만들어졌고 제품이 생산되기 시작했다. 하지만 어느 정도 시간이 흐르자 이러한 일본식 경영방식은 한계를 가질 수밖에 없었다. 항상 일본을 벤치마킹하여 일본과 비슷한 제품을 만들어낼 수는 있었지만 일본을 추월할 수는 없었다. 그러나 이러한 한계는 이건희 전 회장이 취임하면서 극복되기 시작했다. 이건희 전 회장은 더 이상 일본식 경영을 따르지 않았다. 대신 미국식 경영을 도입했다. 미국의 조직은 일본과 다르게 단기고용, 빠른 인사고과와 승진, 전문화된 승진 코스, 명시적 관리 기구, 개인에 의한 의사결정, 개인 책임, 부분적인 인간관계를 특징으로 하기 때문에 일본식 경영의 한계를 극복하기에 안성맞춤이었다.

이건희 전 회장은 고 이병철 회장과 달랐다. 이건희 전 회장은 일본에서 대학을 다니며 공부했지만 대학원을 다닌 미국에서 경영에 눈을 뜨게 되었다. 일어뿐 아니라 영어에도 능통하고 일본과 미국 등 서구선진국에 대한 이해도가 높았기 때문에 일본의 장단점과 미국의 장단점에 대해 잘 알고 있었다. 그는 좀 더 효율적인 경영을 실현하기 위해 첨단 산업은 미국식 경영 기법을, 전통 산업은 일본식 경영 비법을 활용했다.

고 이병철 회장 때부터 시작된 반도체 사업은 메모리 분야에서 일본의 도시바나 히타치와 같은 회사들을 벤치마킹하여 더욱 빠르고 값싸게 만들어 해외시장에 진출했다. 하지만 이건희 전 회장은 반도체 사업에서 일본의 생산기술을 모방해서는 결코 일본을 따라잡을 수 없다고 판단했다. 그래서 원천 기술 개발에 주력할 것을 지시하고 새롭게 떠오르는 플래시 메모리 개발에 집중 투자를 했다. 결국 원천 기술에서 미국을, 생산 기술에서는 일본을 앞서는 한국만의 새로운 경영방식을 만들어냈다.

결국 이건희 전 회장은 일본식 경영방식을 버리지 않고 장점은 그대로 받아들이되 미국식 경영 기법을 적절하게 혼합해 새로운 공유가치를 만들어냈다. 업적 중심의 미국식(X 이론)과 인간 중심의 일본식(Y 이론)을 조화시켜 삼성만의 새로운 경영방식을 만들어낸 것이다.

핵심 가치를 지키며 브랜드를 통합하라

우리는 재벌(財閥)이라는 단어를 익숙하게 받아들이는 경향이 있지만 사실 재벌은 일본과 우리나라에만 있는 특별한 사업구조다. 일본은 100여 년의 시간을 거치면서 창업자에서 2, 3세로 승계되는 과정에서 사회기업으로 전환된 사례가 많이 있으나 우리나라는 아직 2, 3세가 경영을 하는 사업구조를 가지고 있다. 점차 창업주 가족의 영향력이 줄고는 있지만 아직도 상당 부분에서 총수의 영향력은 대단하다.

창업주가 회사를 설립할 때에는 그때그때 사업이 될 만한 아이템을 진행했기에 업종이 무분별하게 다양했고, 회사 이름도 가지각색이어서 통합적인 힘을 발휘하지 못했다. 삼성과 럭키금성도 마찬가지였다. 회사 규모는 커지고 있지만 해외에서 하나의 이미지가 형성되지 않았다.

이와 같은 이유로 1990년대에 들어 회사 이름을 통일하는 작업이 시작되었다. 삼성그룹 내에는 제일모직, 제일제당, 전주제지, 동방생명, 안국화재, 신세계백화점 등의 여러 가지 이름이 존재하고 회사의 마크도 통일감을 주지 못했다. 이건희 전 회장은 신세계백화점, 제일제당, 전주제지, 제일합섬을 분리시키면서 삼성그룹의 새로운 로고를 제정하고 회사 이름도 '삼성'으로 통일시켰다. 삼성 마크를 영어인 'SAM SUNG'으로 바꾸고 각 계열사는 그중에 색깔만 달리하며 통일성을 유지했다. 동방생명은 '삼성생명'으로, 안국화재는 '삼성화재'로 이름을 바꾸었다. 그리고 아날로그 시대의 이름이었던 삼성전관을 '삼성SDI'로 바꾸어 통일된 느낌은 유지하되 디지털 시대에 맞는 새로운 이미지를 만들었다.

럭키금성그룹도 외우기 쉬운 'LG'라는 이름으로 단순화하고 새로운 워드마크로 디자인을 바꾸었다. 럭키화학은 'LG화학'으로, 금성사는 'LG전자'로, 반도패션은 'LG패션'으로 금성알프스는 'LG이노텍'으로 회사 이름을 변경했다.

'SAM SUNG'과 'LG'로 회사 이름을 변경한 후 이들 기업은 전에 없는 대대적인 글로벌 프로모션에 들어갔다. 해외 TV와 신문에 광고를 하고 뉴욕, LA, 동경, 홍콩, 런던, 파리, 북경 등에 대규모 간판을 설치하여 브랜드를 알렸다. 2002년 월드컵은 최고 홍보의 기회였다. 삼성과 LG는 한국에서 월드컵이 열리는 좋은 기회를 놓치지 않고 대대적으로 세계적인 홍보를 실시했다. 또한 유럽시장의 프로모션을 위해 영국 프리미어 리그의 명문 구단과 스폰서 계약을 하며 좀 더 넓은 지역으로 브랜드를 알리고 있다. 삼성은 첼시FC와 LG는 풀햄FC의 유니폼에 SAM SUNG과 LG의 로고가 보이도록 함으로써 세계적인 인지도를 높여나가고 있다.

이제는 한국이 아니라 전 세계 어디를 가더라도 삼성과 LG를 홍보하는 간판을 쉽게 찾아볼 수 있다. 만약 예전처럼 브랜드가 통합되지 못하고 전혀 관계가 없는 회사 이름을 유지했다면 이러한 홍보를 하는 것은 불가능했을 것이다. 모든 게 핵심 가치를 그대로 지키면서 브랜드를 통합했기 때문에 가능한 일이다.

사내방송으로 공유가치를 만들라

공유가치를 만드는 데 사내방송처럼 좋은 도구는 없다. 삼성은 이를 간파하고 있었다. 더구나 삼성은 1980년대 초까지 동양방송(TBS)이라는 공중파 TV방송국을 가지고 있었다. 군부독재로 인해 방송권을 국가에 헌납하게 되었지만(지금은 KBS 제2TV가 되었다) 상당한 방송 장비와 인력은 그대로 남아 있었다. 그 인력과 장비를 이용해 삼성그룹은 각 계열사마다 자체 방송 시설과 방송 요원을 갖추고 자체 프로그램을 제작했다. 이로써 삼성만의 독특한 사내방송이 시작되었다.

매일 아침 8시 15분이면 삼성의 모든 사업장에는 사내방송이 흘러나온다. 경제 동향과 트렌드 변화를 알려주는 소식을 포함하여 세계 각지에서 활동하고 있는 자랑스러운 삼성인들의 소식이 방송된다. 최근에는 절감 차원에서 방송 횟수를 조정하고 월·수·금에는 그룹 뉴스를, 화·목·토에는 자체 방송을 내보내고 있다.

예전에 방송국을 운영했던 경험이 있기에 방송 기술 수준이 공중파 방송사와 다름없다. 1995년에 생방송으로 이건희 전 회장의 신년 시무식 행사를 전국 사업장에 실황 중계를 한 적이 있을 정도다.

또한 사내방송은 삼성그룹이 연루된 대사건에 대한 오해나 그룹의 대처 방안을 신속히 알리는 기능을 한다. 실제로 이건희 전 회장의 신경영 강연을 반복 청취시켜 사업 추진에도 많은 성과를 거둘 수 있었다. 갑자기 경영방침이 바뀌거나 수정되면 직원들은 혼란에 빠질 수 있다. 이럴 때 직원의 동요를 없애고 일체감을 조성하는 데도 사내방송이 큰 공을 세웠다.

지나치게 좋은 소식이나 홍보성 방송이 반복되면 직원들이 식상해 하는 부작용이 발생할 수 있기 때문에 사업장에 새로운 불어넣을 수 있도록 콘텐츠를 새롭게 구성하는 등의 노력을 게을리하지 않는다. 경영 지도 또한 방송 영상을 이용해 효과적으로 진행한다. 이를 위해 고가의 케이블TV 관련 장비들을 들여와 다양한 사내 제작 프로그램을 선보이기도 한다. 정규 근무 시간에는 자막 방송을 이용해 각종 사내 정보를 제공한다. 일종의 사내 정보 전자 게시판인 셈이다.

그룹 차원에서는 1993년 11월에 서울과 지방을 동시에 연결하는 위성 방송을 실시해 기업 사내방송의 획기적인 장을 열기도 했다. SDS와 같이 사업장이 전국 200여 곳으로 분산되어 있는 경우에는 5인 이상의 사업장에 한해 비디오테이프를 보내어 방송 내용을 전달하고 있다. 이처럼 사내방송은 그룹 내 소식을 빠르게 전달하여 정보를 공유하고 삼성가족이란 일체감을 조성하는 역할을 한

다. 삼성이 어려운 시기에도 위기를 극복할 수 있었던 것은 사내방
송을 통해 공유가치를 만들어냈기 때문이기도 하다.

한국 우량기업,
30년 전부터 현재까지

전략적 직관

성장에 한계란 없다

삼성은 세계적인 제품 개발 혁신에 대응하기 위해 자체적으로 '월드 퍼스트, 월드 베스트' 전략을 도입했다. 경쟁이 치열해지고 있는 시장에서 살아남기 위해 기술 선도형의 제품을 지속적으로 출시하여 차세대 제품 리더십을 확보하면서 세계시장을 선도하려는 계획이다.

삼성은 반도체 사업에 뛰어든 지 10년이 지난 뒤인 1983년이 되어서야 '도쿄 선언'을 통해 세계 반도체 산업 진출을 공식적으로 선언했다. 그러한 삼성의 행보에 전자제품을 만든 경험도 많지 않은데 너무 무리하게 최첨단 제품 개발 사업에 몰두하는 것이 아니냐는 말이 여기저기에서 들려왔다. 전문가들조차 무모한 도전이라고 평가했다. 하지만 삼성은 도쿄 선언 10개월 후인 1983년 12월, 반도체로 세계를 깜짝 놀라게 했다. 미국과 일본에 이어 세계 세 번째로 '64KD램'의 독자 개발에 성공한 것이다. 또한 9년 뒤인 1992년엔 처음 개발했던 반도체보다 용량이 1,000배에 달하는 64메가 D램을 세계 최초로 개발함으로써 기술 격차를 극복하고 미국, 일본 등의 반도체 선진국을 따라잡는 데 성공했다.

대부분의 전문가가 불가능하다고 말했던 반도체 사업에서 삼성이 세계 최고의 위치에 오를 수 있었던 이유는 무엇일까? 삼성의 첨단 기술 사업에서의 도전은 '유목민 정신'으로 요약할 수 있다. 유목민처럼 한곳에 정착하지 않고, 새로운 영역을 끊임없이 개척한 것이 반도체 산업에서의 성공 원동력이 되었다. 노마드(Nomad, 유목민)였던 칭기즈칸이 멈추지 않고 초원을 달렸을 때 몽골은 세계 최대의 제국을 건설할 수 있었다. 하지만 성(城)을 짓고 안주한 이후에는 쇠퇴의 길로 접어들어야 했다. '노마드 정신'이란 계속해서 무언가를 추구하면 승리하지만 순간의 안위를 위해 성을 쌓으면 패배한다는 것을 상징한다. 성장에 한계란 없다. '디지털 노마드 정신'을 소유한 사람이 디지털 산업의 진정한 승자가 될 수 있다. 삼성전자는 디지털 노마드 정신을 실천하며 D램에 안주하지 않고 다시 플래시 메모리를 내놓는 등 끊임없는 변화를 추구하여 세계 최고의 자리를 유지하고 있는 것이다.

포스코는 창립 40주년을 맞아 깜짝 놀랄 만한 비전을 발표했다. 2018년까지 '철강 부문 글로벌 빅3, 톱3 실현과 매출 100조 원 달성'이라는 '비전 2018'을 대내외에 선언한 것이다. 100여 년을 풍미한 미국 자동차 빅3 체제가 완전하게 붕괴되고, 최고의 경쟁력으로 시장을 호령하던 일본의 도요타자동차가 사상 최대의 적자를 기록하는가 하면, 세계 조선 수주량은 지난해의 5%에도 미치지 못했다. 이러한 실정을 감안하면 포스코의 선언은 실로 엄청난 것이 아닐 수 없다. 포스코는 현재 극심한 경기침체에 따른 위기 상황을 극복하고 비전을 달성하기 위해 '10대 전략 과제'와 '100대 실행 과제'를 선정해 추진하고 있다. 하지만 포스코가 맞닥뜨려야 할 현재의 환경 변화를 고려했을 때, 2018년의 비전인 매출 100조 원은 2018년까지 지속적으로 연평균 10% 이상 성장해야 이룰 수 있는 어려운 목표다. 하지만 포스코의 정준양 회장은 이렇게 강조했다.

"우리가 살고 있는 현재는 불확실성의 시대입니다. 강자로서 생존하는 것이 더욱 중요하며, 이를 위해서는 현재의 불황을 기회로 삼아 제2의 도약을 통해 경쟁에서 살아남는 신(新)강자 시대를 준비해야 합니다."

이처럼 포스코는 한계가 없는 성장 전략을 구상하고 실천해 나가고 있다.

전 세계가 불황에 빠져 있는 이러한 상황 속에서도 삼성전자와 포스코는 현재의 성과에 만족하지 않고 끊임없이 노력하고 있다. 그러한 열정과 노력이 있기에 이런 위기 상황에서도 글로벌 우량기업의 자리를 지키고 있는 것이다.

미국 합작과 미국식 전략을 배워라

1970~80년대에 삼성은 일본 기업으로부터 기술과 생산, 관리 방식을 도입했다. 일본과 합작회사를 세워 경영 전반을 학습하거나 모방하여 제품을 생산하기도 했다. 그러다 1990년대에 이르러 이건희 전 회장이 회사를 이끌면서 미국 기업으로부터 배운 첨단 기술과 관리 방식을 회사 경영에 응용했다. 그 일환으로 IT 산업에 진출하기 위해 미국 휴렛팩커드(HP)와 합작으로 삼성휴렛팩커드사를 설립했다. 본래 삼성은 합작회사를 세우더라도 경영권을 넘겨주지 않도록 지분의 50%를 삼성이 가지는 방식을 취했다. 하지만 삼성휴렛팩커드는 51%의 주식은 물론 경영권 역시 HP가 가지도록 했다. 1970~80년대 일본에게 배웠을 때 그랬듯이 첨단 산업을 배우려면 경영 기법도 배워야 한다는 생각 때문이었다. 삼성휴렛팩커드사에 경영은 외국인 사장과 임원들이 했고 삼성은 그들이 IT 산업을 어떻게 경영하는지 그 노하우를 눈앞에서 보고 배웠다. 또한

의료기 사업을 위해서는 GE와 합작하여 삼성의료기주식회사를 설립하고 그들의 경영방식을 배웠다. 그 후 미국 IBM과 합작하여 소프트회사인 SDS를 세우기도 했다. 이로써 삼성은 첨단 산업의 대표적인 회사인 미국의 HP, GE, IBM과 합작회사를 세우면서 새로운 기술과 미국식 경영 방법을 익힐 수 있었다.

필자는 1978년에 삼성전자의 컴퓨터 개발실로 입사하면서 휴렛팩커드 컴퓨터를 판매하는 일을 맡았다. 삼성은 HP 컴퓨터를 수입 판매하였지만 언젠가는 국산화를 시키겠다는 생각을 가지고 있었다. 그래서 우리는 HP를 설득했고, 미니 컴퓨터의 국산화를 위한 기술 제휴 계약을 맺었다. 우리 인력을 선발하여 HP에서 연수를 받고 국산 조립 컴퓨터를 만들기로 했다. 계약을 할 당시만 해도 삼성은 HP 판매 대리점 정도의 수준이었지만 이를 기술 제휴 계약으로 확대하고 합작회사를 발전시켰다. GE와의 관계도 HP와 비슷한 과정을 거쳤다. HP와 GE 본사와도 인력 교류가 이루어져 첨단 산업 경영자를 양성해 미국식 기술과 경영전략을 배울 수 있었다.

IMF 외환위기로 인해 삼성그룹의 재무 상태가 나빠져 끝내 합작회사의 지분을 매각하기는 했지만 삼성은 첨단 기술의 이해와 인력 양성의 효과를 거둘 수 있었다. 2002년, 삼성의 임원들은 GE에게 신경영의 모델을 배워야 한다는 이건희 전 회장의 주장으로 GE에서 학습을 했고 2003년에는 CEO 양성과정에서 교육을 받기도 했다. 이재용 전무가 GE 학습을 마치고 귀국하면서 삼성의 경영방식이 상당 부분 GE 스타일로 바뀌었다. 그렇게 1990년대 들어서면서 삼성은 일본식보다는 미국식 경영과 관리 기법을 적극적으로 도입했다. 이러한 조류는 삼성뿐만이 아니라 LG나 SK에서도 비슷한 양상을 띠었다.

남들이 하지 못하는 것을 창조하라

한국 우량기업들의 시작은 일본이나 미국의 것을 보고 모방하여 제품을 만드는 것이었다. 그러나 모방만으로는 성장할 수 없다고 판단한 한국의 우량기업들은 1990년대부터 일본과 미국 제품을 능가하는 새로운 제품을 개발하기 위해 주력했다. 그 신호탄을 삼성전자의 반도체 사업에서 쏘아올렸다. 메모리 부분에서 세계 최초로 메가비트 시대를 뛰어넘어 기가비트 메모리를 개발한 것이다. 삼성은 메모리 칩이 PC나 IT 기기에서만 쓰이는 것이 아니라 모바일 기기에서도 쓰일 것으로 예상하여 플래시 메모리를 개발했다. 때맞춰 MP3 플레이어와 휴대폰 메모리 수요가 급증하면서 플래시 메모리 부문에서 세계 일등이 되는 쾌거를 이루었다.

1990년대에 이르러 일본의 소니와 마츠시다(松下)는 가전제품은 더 이상 성장 가능성이 없는 부문이라 생각하고 큰 투자를 꺼렸다. 하지만 삼성전자와 LG전자의 생각은 달랐다. 가전제품 산업은 쇠퇴하는 산업이 아닌 여전히 성장 가능성이 충분한 산업이라고 생각했다. 기존의 브라운관 TV는 수요가 정체되었지만 디지털 TV에 새로운 수요가 존재한다고 판단하고 성공 가능성을 타진했다. 만약 이때 일본의 기업들이 일본에서 이미 개발된 PDP, LCD 기술을 TV에 적용했다면 디지털 TV 시대는 훨씬 더 빨리 찾아왔을 것이다. 가격이 너무 비싸다는 문제가 있었지만 이는 추가적인 기술 개발과 생산성 향상으로 충분히 극복 가능했다. 하지만 평면 TV는 생산 설비를 갖추는 데에 엄청난 투자가 필요했다. 또한 투자한 만큼 이윤을 남길 수 있는 사업이라 판단하지 않았기 때문에 일본 기업들은 투자를 주저했다. 1990년대 말, 한국은 IMF 위환 위기로 자금이 메말라 어려운 상황을 맞이했다. 하지만 삼성과 LG는 꾸준하게 가격을 낮추면서도 성능을 향상시킬 수 있는 부문에 과감히 투자를 했다. 그로 인해 2000년 초부터 PDP TV가 세상에 나왔지만 가격이 워낙 비싸 일부 부유층의 전유물처럼 인식되었다. 하지만 삼성과 LG는 꾸준하게 가격을 낮추고 성능을 향상하는 기술을 개발해 가격을 400만 원 이하로 낮추었다. PDP TV는 미국시장에서 폭발적인 반응을 이끌어냈고, 신제품을 쏟아내며 가전제품이 여전히 성장 가능성이 있다는 사실을 세계에 확실히 보여주었다.

휴대폰도 초기에는 모토로라나 노키아의 아날로그 제품을 모방해 만드는 수준에 머물렀으나 점차 디지털 기능을 강화하여 어떤 휴대폰보다 세련된 디자인, 높은 품질, 낮은 가격을 자랑하는 신제품을 개발했다. 최근에는 삼성전자와 LG전자에서 남들이 만들어 내지 못한 초슬림형의 터치폰이 출시되었다. 이렇듯 삼성전자와 LG전자의 휴대폰은 전 세계 휴대폰 시장에서 대부분의 기업이 고 전을 면치 못하는 가운데도 최첨단 터치폰과 뛰어난 기술, 감각적 인 디자인을 앞세워 승승장구하고 있다. 그리고 최근엔 글로벌 휴 대폰 업체에 최대의 난관이라 불리는 일본 휴대폰 시장에서 성공적 인 결과를 이끌어내며 세계를 향해 뻗어나가고 있다.

포스코는 국내 철강제 공급원으로서의 위치에서 해외 사업을 적 극적으로 펼치고 있다. 20여 년의 뼈를 깎는 노력 끝에 세계 최초 로 무고로의 파이넥스 공법 개발에 성공했다. 2009년 국내 철강 산 업의 역사를 새로 쓰는 의미 있는 행사가 전남 광양시에서 열렸다. 포스코가 광양4고로 개수공사를 완료하고 새롭게 가동에 들어가는 화입식이었다. 여러 번 화입식을 치렀지만 이번 화입식은 전과 다 른 특별한 의미를 지녔다. 새롭게 가동에 들어간 광양4고로는 내부 용적 5500m³, 연간 생산량 500만 톤 규모로 생산 규모나 효율에 서 세계 최고의 수준이었다. 단일 고로에서의 연간 500만 톤 이상 철강 생산은 광양4고로가 세계 최초이다. 여기에서 생산하는 철강 은 국내 자동차 산업이 연간 소비하는 양과 맞먹는 규모다. 포스코 는 불과 반세기에도 못 미치는 기간에 세계 최고의 철강 업체와 어 깨를 나란히 하게 되었다. 포스코는 광양4고로 기존 고로 대체 기 술인 파이넥스 기술의 상용화를, 2008년에는 120kg급 자동차용

강판의 상용화를 이룩하며 기술 혁신을 선도함으로써 명실상부한 세계 최고의 철강 업체로서의 명성을 쌓아오며 불가능해 보이는 것들을 창조해냈다.

개발하지 않는 것은 도태되는 것임을 기억하라

세계 4대 자동차 전시회의 하나인 북미 국제 오토쇼가 개막했지만 빅3의 몰락으로 예전의 축제 분위기는 찾아보기 어려웠다. 디트로이트는 지난 100년 동안 이어진 '자동차 왕국'의 명성은커녕 빅3 몰락의 후폭풍으로 도시 전체가 사람이 살지 않는 동네처럼 변해버렸다. 그만큼 세계적으로 자동차 시장의 경기는 최악이다. 하지만 이런 불경기에도 현대자동차의 미국 내 판매 대수가 1986년 2월 '엑셀' 브랜드로 미국시장에 진출한 지 23년 만에 처음으로 10만 대를 넘어섰다. 반면 미국시장 판매 5위 자리를 굳건히 지켜왔던 크라이슬러는 9만 3,222대를 판매하는 데 그쳐 현대자동차에게 추월을 당했다.

지금의 감격스러운 결과가 찾아오기까지 현대자동차에는 많은 변화가 있었다. 1990년대까지만 해도 미국시장에서 현대자동차의 품질은 최하위권이었다. 당시 현대자동차는 일본에서 기술을 익혔기 때문에 일본식 품질관리 기법을 사용했다. 정몽구 회장은 미국

시장에서 살아남으려면 미국식 품질관리 기준으로 바꿔야 한다고 생각하고 JD파워의 고객만족도로 기준을 수정했다. 그리고는 JD파워의 고객만족도에서 떨어진 부분을 집중적으로 개선하여 미국 고객만족도를 높이는 전략을 펼쳤다. 본사에 품질 상황실을 설치하고 매월 회장이 품질경영 회의를 주관하였다. 그 결과 현대는 품질 수준이 현저히 향상되어 JD파워 고객만족도 조사에서 부분적으로 1위의 자리에 올라섰다.

현대자동차는 품질 개선과 함께 신차를 개발하기 위해 경기도 남양에 연구소를 설치하고 5,000명 이상의 연구원을 파견하여 신차 개발에 몰두했다. 또한 국내뿐 아니라 미국에서도 자동차 연구소를 운영하여 미국형의 자동차 개발과 테스트를 병행했다. 기술 개발 못지않게 신경을 쓴 것이 디자인이다. 특히 럭셔리카는 디자인이 최종적인 평가에 영향을 미치기 때문에 유럽 스타일의 디자인을 위해 해외 디자이너를 대거 영입했다. 특히 기아자동차의 경우 디자인의 획기적인 개선을 위해 독일 아우디의 수석 디자이너였던 파터 슈라이어를 영입하여 전권을 부여했다. 과거에는 모든 기계적 설계가 끝날 무렵에 외형 디자인에 착수했으나 슈라이어를 영입한 후에는 미국이나 유럽 사람들이 좋아할 만한 디자인을 먼저 한 다음, 다른 부문을 설계하는 방식으로 프로세스를 바꾸었다.

생산 부문에서도 혁신적인 변화를 꾀했다. 미국에 현지 공장을 세우고 중국 등 주요 거점에 생산 시설을 갖추었다. 특히 중국시장의 성장이 늘어나 중국인들이 좋아하는 스타일로 자동차 디자인을 바꾸었다. 중국에서는 소형차 선호도가 높고 화려한 디자인을 원하기에 아반떼를 중국식 모델인 위에동으로 바꾸어 중국시장을 공략했다.

마케팅 부분에도 과감한 변화를 꾀했다. 2008년에 미국의 극심한 불황으로 자동차 판매가 격감하자 현대자동차는 새로운 마케팅 프로그램을 도입했다. 미국인들이 '불황으로 인해 실업에 대한 우려로 자동차 구매를 꺼린다'라는 조사 결과를 보고 즉각 어슈런스(Assurance) 프로그램을 도입하여 자동차를 구매한 후 1년 내에 실업을 하면 다시 자동차를 구매해준다는 광고를 냈다. 그러자 미국에서의 시장점유율이 1~2% 향상되었다.

현대자동차는 지금까지 한 번도 멈춘 적이 없다. 불황 속에서도 현대자동차가 선전하고 있는 이유는 품질, 생산, 디자인, 마케팅 등의 다각적인 분야에서 노력을 멈추지 않고 있기 때문이다. 그 결과 미국 자동차 업계 전문지인 〈오토모티브 뉴스*Automotive News*〉가 발표한 2009년 상반기 판매량에서 현대기아자동차가 215만 3,000대로 214만 5,000대를 기록한 포드를 8,000대 차이로 제쳤다. 2009년 전체로 봐도 포드를 앞설 것으로 보인다. 포드는 2008년에 비해 2009년 상반기에 30% 이상 추락한 반면 현대기아자동차는 5% 하락에 그쳤기 때문이다.

개발하지 않는 것은 그 자리에 멈추는 것이 아니라 도태되어 뒤로 물러나는 것이다. 경영자가 단기 업적에 의해 평가를 받으면 단기 실적을 내기 위해 투자와 개발에 소홀해질 가능성이 크다. 특히 불황이거나 실적이 위축될 때는 손실을 줄이기 위해 투자를 적게 하거나 신제품 개발에 소극적인 자세를 취하게 된다. 하지만 현대 자동차는 세계적인 경기 불황에도 투자 비용을 줄이지 않고 오히려 더 적극적으로 신제품 개발과 품질 향상, 마케팅 전략을 만드는 데 주력했다. 그렇게 성장을 거듭하며 세계 최고의 자동차 회사로 거듭나기 위한 발판을 다져나갔다.

미래의 경영을 주도할 미래전략을 짜라

삼성의 인재경영을 상징하는 대표적인 부서는 '미래전략그룹' 이다. 이는 1997년에 이건희 전 회장이 해외의 우수한 인재를 고용해 그룹의 세계화를 이끌겠다는 취지로 직접 설립했다. 이 조직은 주로 해외의 S급 인재를 영입해 모아놓은 삼성의 싱크탱크로 활용되었다. 그들은 외부에 맡기기 곤란한 내부 컨설팅 업무를 수행하면서 그룹의 미래전략과 사업 방향을 수립하는 중추적인 역할을 하고 있다. 그동안 전자 계열사에서 의뢰받은 35건 등 모두 83건의 프로젝트를 컨설팅했고 '반도체 시장 전망 및 미래사업 모델 수립' 과 같은 전략 기획 프로젝트를 중심적으로 처리하고 있다. 또한 신규 사업 개발이나 중국, 베트남 등 신규 시장 개척, 고객 관계 관리 (CRM)를 비롯한 시스템 구축 등에 대한 해법도 제시해준다. 특히 이들은 해외 기업 사례에 대한 구체적인 분석을 토대로 상당히 실무적인 대안을 내놓아 호평을 받고 있다. 이것뿐만 아니라 신선한 감각과 우수한 역량을 갖춘 그들에게서 급변하는 사업 환경에 대응하기 위한 새로운 시각을 배울 수 있다는 장점이 있다.

현재 미래전략그룹에는 10여 개 나라, 25명의 글로벌 전략가가 소속되어 있다. 그들은 대부분 하버드, 와튼, 런던 비즈니스 스쿨, 인시아드 등 미국과 유럽의 세계적인 MBA 과정을 마쳤거나 박사 학위를 따낸 일류 인재들이다. 이들은 세계은행, 모건스탠리, 리먼 브라더스, 글로벌스타, 맥킨지, 액센추어 등에서 5년 이상 근무한 경력이 있다. 저마다 화려한 경력을 자랑하는 인재이니만큼 접촉하기도 쉽지 않다. 그래서 삼성은 미래전략그룹 멤버를 뽑기 위해 1년에 6,000명이 넘는 세계적인 10대 MBA 졸업자를 엄밀하게 평가한 후 200여 명을 엄선해 설명회에 초청하여 인재를 선발하고 있다.

그렇다면 최종적으로 삼성이 그들에게 원하는 것은 무엇일까? 그것은 바로 이들이 성장해서 삼성을 글로벌 우량기업으로 이끄는 CEO가 되는 것이다. 그래서 이곳을 거친 인력들은 2년 혹은 4년 동안 근무를 한 뒤 계열사에 입도선매식으로 차출된다. 한 번 컨설팅을 받은 회사에서 그 컨설턴트에게 추가 프로젝트를 맡길 확률이 높아 해당 회사와 인연을 맺는 경우가 많다. 앞서 말했듯 삼성은 이들이 결국 그 기업의 글로벌 경영자로 자리매김할 것을 기대하고 있다. 이에 삼성전자는 2002년 임원 인사에서 미래전략그룹 출신인 데이비드 스킬을 본사의 첫 임원으로 선발했고, 2009년에는 미래전략그룹 출신인 요한이 삼성전자의 상무가 되었다. 앞으로 더욱 많은 임원과 CEO가 '미래전략그룹'에서 탄생하리라 예상된다.

매트릭스 구조

전략과 실행의 매트릭스 구조를 만들어라

삼성의 조직 구조는 전통적인 일본식을 그대로 따르는 피라미드 방식이다. 삼성의 고 이병철 회장이 사업 초창기에 일본식 조직 구조를 도입했던 것이 60여 년이 흐른 지금도 그와 같은 큰 틀 안에서 유지되고 있다. 군대와 비슷한 피라미드 방식이 일본과 한국에서 잘 유지될 수 있는 이유 중의 하나는 양국 모두 군대식 문화에 익숙하기 때문이다. 한 가지 예를 들자면, 고 이병철 회장은 군대처럼 강력한 감사팀을 만들어 운영했다. 감사팀의 주된 임무는 임직원의 비리나 부정을 적발하는 것이다. 삼성의 감사팀은 정부의 감사원보다도 더 철저하고 엄격하게 감사를 진행했다. 이처럼 내부 감사가 엄격했던 것은 고 이병철 회장의 신념 중 하나였던 신상필벌(信賞必罰) 원칙을 실현하는 방법이기 때문이기도 했으나 일본식 피라미드 조직은 명령 하달과 조직의 위계질서가 분명해야 통제와 관리가 용이하기 때문이기도 했다.

초창기 삼성은 관리와 통제에 용이했다. 따라서 피라미드 조직이 일부 경영지의 스테프들이 전략을 짜고 이를 효율적으로 실행하는 데 상당 부분 효과를 발휘했다. 하지만 삼성은 사업을 확장시키며 조금씩 조직 변화를 꾀했다. 피라미드 조직을 그대로 유지했지만 모든 사항을 회장이 직접 관리하지는 않았다. 전략적인 주요 사항만 회장이 관리하고 회사의 운영 사항은 CEO나 임원에 위임하여 자율성과 책임감을 가미한 매트릭스 구조로 전환했다.

그러한 구조는 이건희 전 회장이 취임하면서 더욱 가속화되었다. 삼성은 종전의 조직 구조를 유지하면서도 좀 더 자율성을 부여할 수 있는 통제 관리 방식으로 변화를 추구하는 데 힘을 기울였다. 과거 고 이병철 회장은 비서실을 통해 직접 통제·관리했지만 이건희 전 회장은 IT 시스템을 구축한 간접적인 관리 방법을 택했다. 아날로그에서 디지털로 관리 방식을 전환하고 글로벌 스탠더드 시스템을 도입하여 실시간으로 시스템에 의한 관리가 이루어지도록 했다. 조직 구조는 피라미드 형태를 유지하여 혼란이 없게 하고, 내부 운영 관리는 네트워크 방식으로 운영되도록 바꾸었다. 비서실의 역할도 구조본 체제로 바꿨다. 주요 업무도 그룹 사의 역할 조정과 전략적인 관리로 변화시켰다. 구조본에서는 관계 사의 CEO와 임원들의 활동을 지원하고 조정하는 일을 하여 그룹 전체가 하나의 네트워크로 연결될 수 있게 만들었다.

결국 삼성은 미국이나 일본에 존재하지 않는 경영 매트리스 구조를 만들어냈다. 구조는 피라미드형을 취했지만 운영은 네트워크형으로 하는 새로운 형태였다. 그로 인해 전략적인 의사결정은 회장이나 구조본을 통해 이루어졌고, 각 회사는 CEO를 중심으로 피라미드 구조를 가지게 되었다. 내부 운영은 IT 시스템의 구축으로 상호 연결되어 있는, 다른 기업에서는 찾아볼 수 없는 한국식 네트워크 구조로 운영되고 있다.

다(多) 사장 제도 도입과 외국인 임원을 영입하라

전통적으로 국내 기업들은 제아무리 많은 사업체를 가지고 있다 해도 한 명의 사장이 모든 사업을 관리하는 형태였다. 하지만 1990년대 후반부터 사업 규모가 기하급수적으로 커지고 기술의 발전이 따라갈 수 없을 만큼 빨라지자 한 명의 사장이 모든 사업체를 운영하는 방식은 변화 대응력이 떨어졌다. 이에 국내 우량기업들은 전통적인 운영 방식이 아닌 다른 방식을 택하게 되었다.

우선 4개 사업 부문(가전, 반도체, 통신, 컴퓨터)을 가지고 있는 삼성전자는 각 부문별로 사장제를 도입하고 부회장이 총괄하는 체제로 바꾸었다. 가전 담당 사장, 반도체 담당 사장, 통신 담당 사장, 컴퓨터 담당 사장을 도입하고 이를 운종용 부회장이 총괄한 것이다. 지역별로도 미국 담당 사장, 중국 담당 사장을 도입함으로써 매트릭스 체제로 전환했다.

LG전자도 가전 사업과 휴대폰 사업에 별도 사장제를 도입히였고 지역별 사장도 별도로 운영하였다. 삼성과 LG는 주요 경영진을 운영하는 방식에서 다소 차이를 보이고 있다. 삼성은 흔히 'C' 클래스라고 하는 CFO, CSO, CMO, COO, CHO를 내부 인력으로 운영하고 있지만 LG는 외국인을 기용하여 탄력적인 운영을 하고 있다.

이렇게 삼성전자와 LG전자에서 외국인 임원을 발탁하는 방식이 다른 것은 삼성전자는 인큐베이터 방식으로 외국인 임원을 쓰되 내부에서 오랫동안 업무 스타일과 성과를 지켜본 후에 발탁하는 특징이 있기 때문이다. 삼성전자가 이런 방식을 택할 수 있었던 것은 그룹 안에 외국인 인재풀을 갖추고 있기 때문이다. 미래전략그룹으로 그룹 계열사의 전략 컨설팅을 위해 1997년에 설립한 인하우스 컨설팅 조직에 세계 명문대 출신의 석·박사급 외국인 컨설턴트가 40여 명 포진해 있다. 이에 반해 LG전자의 외국인 임원 영입은 영국 프리미어 리그처럼 외국인 선수 스카우트 방식과 비슷하다. 출신 국가, 인종을 따지지 않고 실력만 있으면 세계 어느 곳에서라도 데려와 바로 현장을 누비는 주전 선수로 뛰게 한다.

이를 증명이라도 하듯 LG전자는 다양한 나라의 사람이 각 부문에서 임원으로 근무하고 있다. 서울 본사 마케팅팀의 최고 마케팅 책임자(CMO)인 더모트 보든 부사장뿐 아니라 프레드릭 르코크 상무도 외국인이다. 최고 구매 책임자(CPO)인 토마스 린튼, 최고 인사 책임자(CHO)인 피터 스티클러, 최고 유통책임자(CCO)인 제임스 셰드, 최고 전략 책임자(CSO)인 브래들리 갬빌은 미국인, 최고 공급 관리 책임자(CSO)인 디디에 셰네보는 스위스인, 최고 마케팅 책임자(CMO)인 더모트 보든은 아일랜드인이다. LG전자의 'C' 클래스에서 한국인은 최고 기술 책임자(CTO)인 백우현 사장과 최고 재무 책임자(CFO)인 정도현 부사장 두 사람뿐이다. LG전자의 남용우 회장은 이런 말을 한 적이 있다.

"LG전자는 국내 기업이 아니라 세계 기업이기에 의사결정도 세계화되어야 한다."

그래서 상무급 이상 외국인 임원은 총 29명으로 이들 중 21명이 국내에서 근무한다. 외국인 임원이 대부분이고, 의사결정의 세계화를 지향하기 때문에 LG전자의 임원 회의나 간부 회의는 영어로 진행된다.

필자는 2008년에 LG전자 구미연수원에서 강의를 할 기회가 있었는데 그때 LG전자가 강조하는 의사결정의 세계화를 몸으로 체험할 수 있었다. 그 안의 모든 표시판은 영어로 적혀 있었다. 러닝센터 내부에 걸려 있는 현수막도, 포스터나 안내문도 모두 영어였다. 내부 교육도 영어로 진행하는 과정이 있었다. 사보도 마찬가지였다. 기본적으로 영어로 되어 있고, 더불어 한글로 설명이 되어 있었다. 그렇게 LG는 글로벌 컴퍼니라고 인식될 수 있도록 경영과 함께 연수 프로그램도 조금씩 바뀌고 있었다.

최근 SK그룹도 주요 계열사의 인사담당 임원을 외국인으로 교체히는 인사를 단행했다. SK의 인력 관리 책임자로 여성인 린디 미이어스 부사장을, SK텔레콤의 조직 개발 담당으로는 미국 출신인 스테픈 파롤리 상무를 기용했다. 이 모든 외국인 임원 영입은 이벤트성이 아닌 최고경영자가 직접 나서서 이들의 필요성을 강조하고 적극적인 관심 아래 영입을 주도하고 있기 때문에 의미가 크다. 본래한 회사의 임원 자리는 평직원으로 입사하여 회사를 한 번도 떠나지 않고 꾸준하게 능력을 발휘했던 사람에게 주어지는 상과도 같은 것이었다. 하지만 이제 한국의 우량기업들은 한국에서 얻을 수 있는 매출보다 전 세계에서 얻을 수 있는 매출이 훨씬 높아졌기 때문에 조직 문화도 세계적인 수준으로 가야 했고, 이것이 좀 더 능력있는 외국인 임원을 주도적으로 영입하는 계기가 되었다.

내부 협력 체제를 구축하라

한국의 대기업들은 주로 조립생산 부분을 맡고, 그 이전의 단계인 주요 부품이나 소재를 만드는 산업을 수직적으로 계열화하여 관리하는 구조를 가지고 있다. 최근까지 한국의 경영을 우습게 생각했던 외국 기업인들이 간과한 것이 있다. 그것은 바로 불확실성으로 가득찬 경영 환경 속에서 한국 기업에서만 발견할 수 있는 계열사 간의 역량 공유와 시너지 효과가 불확실한 경영 상황을 이겨낼 수 있는 경쟁우위의 원천이 된다는 것이다.

삼성전자는 TV 세트를 만들기 위해 유리 소재부터 주요 부품을 내부에서 생산하여 기술을 공유하는 동시에 원가의 절감을 유도하며 내부 협력 체제를 구축하고 있다. PDP는 삼성SDI가 생산하고 주요 부품은 삼성전기가 생산하는 방식이다. 삼성전자와 삼성전기는 수원 공장 지대에 함께 있고 서로 경계가 없기 때문에 마치 같은 회사의 다른 부서를 방문하는 것처럼 편하게 커뮤니케이션을 할 수 있다. LG전자도 마찬가지로 LCD는 LG디스플레이가, 주요 부품은 LG이노텍이 생산하고 있다. 현대자동차는 최종 조립 업무만을 맡고 있고, 주요 부품은 현대모비스에서 생산하여 조립된 상태로 납품을 받는다.

현대모비스는 2000년에 현대자동차의 AS부품 사업을 인수한 이후 AS물류합리화 작업을 위한 중장기 전략을 세우고 실행했다. 전국에 산재해 있던 물류거점을 통합하고 대형화를 통해 시너지 효과를 극대화한다는 내용이 주를 이루었다. 이 전략은 국내 고객들에게 기존보다 더 효율적으로 AS부품을 공급하는 한편, 물류비용을 포함한 비용 절감을 통해 경쟁력 있는 부품 가격을 유지하는 효과를 가져왔다. 현대모비스는 현재 경기도 오산, 충남 아산, 전남 장성, 경북 경산을 포함한 전국 곳곳에 기존의 물류거점을 통합한 초대형 물류센터 및 부품센터를 보유하고 있다. 이로 인해 국내 물류망은 10개 물류센터, 11개 부품사업소, 22개 부품센터로 구성되어 있다. 새로 준공된 물류거점은 지능형 창고관리 시스템(I-WMS)으로 운영되고 있다. 수많은 부품의 재고 및 입출고 관리를 포함해 회계 관리까지 컴퓨터로 처리하여 재고 부담을 줄이고 수·배송 기능을 크게 강화시켰다. 그 결과 2001년에 92%에 그쳤던 부품 공급률이 2009년에 98.5%로 상승했다.

현대자동차의 주요 부품을 생산하는 현대모비스가 좋은 기술을 가지고 있어야 내부협력 체제가 좀 더 효율적으로 가동될 수 있다. 현대모비스의 행보는 여기에서 멈추지 않았다. 미래형 자동차 기술의 확보로 '글로벌 톱5'의 부품회사로 뛰어오르기 위해 2015년까지 미래형 자동차 전자화 기술 연구 개발에만 약 1조 2천억 원의 비용을 투자하는 한편, 현재 1,000명인 연구 인력도 2,000명 이상까지 확충하는 등 미래 선행 기술 연구를 대폭 강화하기로 했다. 기존 기계 시스템 부문에 첨단 전자 기술을 효과적으로 융합해 미래 지능형 자동차를 구현할 핵심 기술을 체계적으로 확보하겠다는 것이다. 모비스는 2009년 12조 원 규모의 주문자 상표 부착 방식(OEM) 매출을 2015년까지 22조 원으로 늘리고 자동차 핵심 부품의 매출 비중을 50%까지 끌어올려 2020년까지 세계 5위 권 안에 진입하겠다는 목표를 제시했다.

한국의 우량기업들은 특정 부분이 잘 운영되어 지금의 위치에 오른 게 아니다. LG전자, 삼성전자, 현대자동차, SK 등을 비롯한 한국의 우량기업들은 내부 협력 체제를 프로세스화하고 긍정적인 결과가 나올 수 있도록 끊임없이 체크하여 좀 더 효율적으로 기업을 운영한다. 계열사들 역시 차기 제품 개발 프로젝트 단계에서부터 함께 기술 개발을 하고 생산 시설도 사전에 준비하며 협력 체제를 굳건히 한다.

해외로 진출을 할 때에도 세트 회사가 해외공장을 계획하면 부품이나 협력 회사들도 동반 진출을 한다. 국내에서 기술과 품질이 이미 검증된 회사들이 같이 진출하는 것이기 때문에 공장의 건축에서 제품의 출하에 이르는 과정이 단축될 수 있다. 이들 협력사들은 현지 상황에 맞게 제품을 수정하여 생산할 수 있고 판매 상황에 따라 생산량을 탄력적으로 조절할 수 있다. 결국 내부에서 서로 협력하며 도울 수 있는 환경을 갖추고 있기 때문에 급변하는 수요 변화에도 불구하고 중간재 수급 걱정 없이 경쟁 기업보다 신속하게 제품을 출시할 수 있던 것이다. 반면, 삼성전자와 LG전자에게 밀리고 있는 소니는 LCD패널 공급을 경쟁 업체인 삼성에 의존해야 했기 때문에 시장에서 도태되고 한국 기업들에게 자리를 빼앗길 수밖에 없었다.

미국 스타일

준비하지 않는 자는 희생자가 될 뿐임을 명심하라

이건희 전 회장은 한국 경제가 중요한 시점에 있을 때마다 스스로 위기의식을 고취시키는 한편, 상황을 극복하는 특유의 타개책을 제시하는 스타일이었다. 이는 철저한 '준비경영'에 바탕을 둔 것으로 미리미리 앞일을 준비하고 대비한다는 경영방침이었다. 삼성의 각 계열사들이 제아무리 이전에 없던 높은 실적을 올리고 있다 해도 이건희 전 회장은 "현재의 실적에 자만하다가는 언제든지 위기에 빠질 수 있다"며 위기의식을 재차 강조했다. 현실이 아무리 아늑하다 할지라도 절대 현실에 안주하지 말고, 미래를 대비해 수종(樹種) 사업을 개발할 것을 끊임없이 주문했다.

준비하지 않는 자에겐 성장의 기회가 찾아오지 않는다. 혼란의 희생자가 될 뿐이다. 삼성은 미래를 준비하며 5~10년 후를 대비한 핵심 사업으로 생명과학, 생활용 로봇 사업, 유비쿼터스 건강설비, 반도체, 소재 부품, 스마트 홈에 기반한 보안 및 네트워크 솔루션 등을 선택했고, 이를 현실화하기 위해 노력하고 있다. 삼성은 이와 같은 미래 준비 전략을 통해 오는 2010년에는 매출 270조 원을 올려 2006년 대비 1.9배 성장을 이루고 세전이익은 2.1배 늘어난 30조 원을 낸다는 목표를 세웠다. 브랜드 가치 상승과 병행해서는 세계 1등 제품을 19개에서 총 50개로 늘린다는 계획이다.

삼성의 준비는 절대 멈추지 않는다. 10년 뒤까지 내다보며 계속 업데이트되고 있다. 삼성은 5~10년 후를 대비한 글로벌 인재경영을 품질경영의 차세대 경영전략으로 내세웠다. 또한 세계 1등 제품과 서비스 경쟁력을 확보하는 것에 주력하고 미래 성장엔진의 발굴을 통한 기회 선점을 경영 목표로 삼았다. 이와 함께 사회 친화적인 경영과 세계 톱 브랜드 가치 달성 등을 4대 핵심전략으로 추진하기로 했다.

미래를 준비하지 않는 기업과 오늘의 실적에만 급급한 기업은 결코 시장에서 롱런할 수 없다. 제품 개발이나 신사업 추진에는 시점이라는 것이 있다. 시점을 놓치지 않고 먼저 제품을 내놓고 시장을 선점하면 엄청난 이익을 얻을 수 있지만 조금이라도 뒤처지면 지금까지 획득한 것들조차 한순간에 잃을 수 있다. 그래서 항상 5년 혹은 10년 후를 생각하는 것이다. 그 생각이 경쟁 기업보다 기술과 제품을 먼저 개발하고 먼저 시장에 내놓기 위해 투자할 수 있게 만드는 것이다. 그 투자가 10년 후까지 우량기업으로 유지시키는 원동력이 되기 때문이다.

벼랑 끝에 서서 객관적으로 바라보라

고 이병철 회장은 "기업이 적자를 내는 것은 육법에 없는 죄를 범하는 것이다"라고 말할 정도로 흑자 경영을 강조했다. 그 일환으로 아무리 좋은 사업도 3년 이상 적자가 지속되면 좋은 사업이 아니라고 판단하고 재빠르게 사업을 정리했다.

1997년 IMF 외환위기는 국내 대기업들을 모두 벼랑 끝에 서게 만들었다. 살아남을 것인가, 사라질 것인가를 결정하는 분수령의 시간이었다. 재계에 최대 재벌 중 하나였던 대우도 너무나 쉽게 무너지고, 현대마저도 자금난에 시달렸다. 그 당시 삼성은 전자나 반도체가 주력 사업이었지만 자동차 사업을 확장하고 있었다. 하지만 외환위기로 초기 투자에 대한 자금이 원활하지 않자 자동차 산업이 경영의 발목을 잡게 되었다. 결국 이건희 전 회장은 많은 공을 들인 사업이었지만 삼성자동차를 정리하기로 마음먹었다. 이를 위해 사재를 출원했고, 59개였던 계열사를 45개로 정리하는 구조조정을 단행했다. 인력 면에서도 5만여 명의 인원을 감축하는 등 재빠른 구조조정에 들어갔다. 삼성은 '적자'로 불어나 회사 재무 구조에 치명적인 상처를 낼 수 있는 위험한 요소를 간파하고 능동적으로 대처했고, 잘되는 사업에서 흑자를 낼 수 있는 방안을 모색했다.

삼성테크윈도 비슷한 경험을 해야 했다. 삼성테크윈의 전신은 삼성정밀이다. 이 회사는 IMF 외환위기 때 엄청난 적지기 나 파산 위기까지 몰렸다. 그러자 삼성테크윈은 자신들이 하고 있는 사업을 객관적으로 바라보는 시간을 가진 후, 수익이 나지 않는 항공 사업과 방위 산업을 정리하기로 결정했다. 그리고 변화를 주고자 회사 이름을 삼성테크윈으로 바꾸는 대대적인 구조조정을 단행했다. 대신 디지털카메라처럼 흑자가 날 수 있는 고성장 산업에 주력했다. 그 결과 삼성테크윈은 디지털카메라 사업에 주력하면서 적자기업에서 흑자기업으로 다시 태어날 수 있었다.

하지만 삼성테크윈의 디지털카메라 사업이 처음부터 잘된 것은 아니었다. "휴대전화, TV 등 계열사 제품은 세계시장에서 선두를 다투는데, 테크윈은 디지털카메라의 경쟁력이 떨어져 삼성의 이미지를 해치고 있다"라는 말이 삼성 내부에서 흘러나올 정도였다. 하지만 처음부터 흑자를 기록하며 고성장을 하리라는 생각을 하고 시작한 것이 아니었기에 삼성테크윈은 꾸준히 기술 개발에 박차를 가하며 대반전을 노렸다. 대반전의 기회는 그리 오래 지나지 않아 찾아왔다. 삼성테크윈은 2005년에 두께 2*cm* 이하의 디지털카메라인 '#1' 시리즈를 선보였다. 그것은 20대부터 40대까지 고른 인기를 얻으며 '일본 업체에 비해 디자인 경쟁력이 떨어진다'라는 평가를 잠재우는 계기가 되었다. 테크윈은 이후 #1 시리즈에 MP3 플레이어와 PMP 기능을 추가한 신제품을 잇달아 선보였다. 디지털카메라 판매량은 2004년 253만 대에서 2005년 440만 대로 두 배 가까이 늘었고, 2006년에는 850만 대로 늘어났다. 2006년에는 국내 디지털카메라 시장에서 소니, 캐논, 올림푸스 등 쟁쟁한 일본 업체들을 밀어내고 1위의 자리에 올라섰다.

IT와 결합된 시스템

일하는 방식을 혁신하라

피라미드 조직은 관리와 통제가 용이하다는 장점이 있지만 조직 구조가 관료화되기 쉽고 일을 처리하는 절차가 복잡하다는 단점이 있다. 사소한 의사결정도 항시 상위관리자에게 보고하여 승인을 받아야 하며 수시로 관련 부서와 합의를 봐야 하는 불편함을 감수해야 한다. 그런 복잡한 순서를 거칠 수밖에 없으니 내부 업무를 처리하는 데 쓸데없이 오랜 시간이 걸린다. 이것은 한마디로 80%가 관리, 통제적인 요소이고 단지 20%만이 가치창조적 프로세스를 가지고 있는 방식이다.

이러한 관료적 사고는 창조적인 마인드를 가지고 있어야 하는 대기업의 가장 큰 단점 중 하나다. 한 번 기안이 올라간 서류가 최종 OK 사인을 받을 때까지 너무나 오랜 시간이 걸려 몇 개월씩 지체되는 사례도 적지 않다.

이건희 전 회장이 삼성에 취임을 한 지 얼마 지나지 않아 조직 내에 만연하게 자리 잡은 관료주의를 보고 깜짝 놀란 적이 있다고 한다. 1억 원짜리 기계 설비를 들여오는 데 무려 19개의 도장을 받아야 발주가 나갈 수 있는 현실을 목격한 것이다. 집에서 화장실을 갈 때에도 가장 효율적인 동선을 생각할 정도로 합리적인 것과 효율적인 것을 선호하는 그로서는 용납할 수 없는 일이었다.

삼성은 만연된 관료주의를 타파하기 위해 자체적으로 기업 내 정형화 결재 단계를 조사했다. 그 결과 미국의 포드자동차는 17단계, 일본의 혼다는 5단계였다. 하지만 그때까지만 해도 삼성은 무려 24단계를 거치고 있었다. 자극을 받은 삼성은 전면 재검토가 필요하다는 결론을 내리고 결재 단계 시스템을 수정했다. 삼성의 기존 결재 시스템은 '사원→대리→과장→부장→이사→사장' 등으로 복잡한 단계를 거치고 있었다. 이를 대폭 수정하여 '기안-심사-결정'의 3단계로 간소화시켰다. 빠른 의사결정이 가장 절실했던 반도체 부문에서 먼저 시행되었다. 그 후 시스템 점검을 한 결과, 합리성과 효율성이 높아진 것을 알 수 있었다. 그로 인해 수정된 결재 단계

시스템을 전사적으로 확대 시행하게 되었다.

전통적인 의사결정 구조에서는 기안자가 내용도 모르고 문서 작업을 하는 경우가 비일비재했다. 때문에 최종 결재까지 여러 과정에서 잦은 수정이 불가피했다. 결재 단계마다 지시사항이 달라 혼선이 있을 뿐 아니라 의사결정에 이르는 시간도 오래 걸렸다. 임원이나 사장들의 생각을 일선 직원들이 제대로 알 수 없었기 때문에 더더욱 그러했다. 하지만 이른바, '3단계 제도'를 도입한 후 의사결정 과정이 간소화해져 모든 일이 전부다 빠르고 정확히게 진행될 수 있었다. 사원이 최초 기안을 올리면 대리나 과장은 심사를 하고 의사결정 단계는 최고 부장 수준을 넘길 수 없게 되었다. 이는 부장 전결 사항 수준은 사원이 기안해야 하지만 임원이나 사장이 결정할 사항은 고급 간부나 임원이 직접 기안해야 한다는 뜻이다.

회사의 정책 결정 사항은 담당 임원이 기안을 해 부사장이 심사하고, 사장이 최종 결정을 하는 식이다. 하지만 스피드로 승부를 걸어야 하는 기업경영에서는 각 단계의 팀장급, 임원급 관계자들에게 많은 결정권을 부여해 탄력을 가지게 했다. 또한 반드시 알 필요가 없는 사소한 기안들은 알아서 책임을 지고, 꼭 윗선으로 가야 할 중요한 결정 사항만 고급 간부나 사장에게 보고하는 방식이었기에 삼성의 직원들은 결재를 받기 위해 동분서주하며 시간을 낭비하지 않을 수 있었다.

IT 기술로 업무의 속도를 업그레이드하라

삼성의 신경영은 정보화를 통한 프로세스 혁신 PI(Process Innovation) 작업을 개혁의 요체로 여긴다. 사업의 특성상 타이밍이 기업의 사활을 좌우하기 때문에 스피드 경영이 생명이다. IT 시스템 구축은 모든 것을 빠르게 만들기 때문에 스피드 향상에 크게 기여했다. 삼성은 컴퓨터를 '수주-설계-생산-공정관리-재고관리-출고'로 이어지는 프로세스를 관리하며 업무의 속도를 업그레이드했다.

1991년부터 이건희 전 회장은 비서실 임원들과의 자리에서 종합적인 정보 인프라 구축의 필요성을 강조했다. 하지만 관련 경영자들은 정보 인프라 구축을 제대로 추진하지 못했다. 이에 이건희 전 회장은 1993년 신경영 당시, 정보 인프라 구축에 대한 자신의 지시 사항이 이행되지 않고 있다며 경영진을 질타하고 빠르게 일을 진행할 것을 지시했다.

그 후 삼성SDS가 중심이 되어 그룹 정보화를 체계적으로 추진했다. 정보화 목표를 비용 절감에 두고 프로그래머 양성, 컴퓨터 보급 확대 등 대대적으로 인프라를 구축했다. 정보화 인력을 양성하기 위해 서울 강남에 IT 교육연수원인 멀티캠퍼스가 설립되었다. 이는 정보 인프라 구축을 위한 플랜 중의 하나였다. 멀티캠퍼스 개설을 위해 20층 건물에 700억 원이 넘게 투입되었다. 프로세스 혁신을 위한 첫 단추는 끊임없이 해당 교육에 대한 투자가 지속되어야 한다는 생각 아래 건설된 교육 기관이었다. 그래서 삼성은 임직원들에게 각종 정보화 관련 자격증을 보유하도록 권장하고 있다. 또한 정보화 비전으로 그룹과 해외 법인에 관한 진단, 교육, 선진 회사들에 대한 벤치마킹도 이루어지고 있다.

이제 삼성의 모든 업무는 IT 시스템에 의해 돌아갈 정도로 IT 시스템 구축은 세계 최고 수준이 되었다. 시장에서 판매가 이루어지면 동시에 데이터가 입력되고 제품별, 지역별 판매 자료기 정리된다. 판매 정보는 곧바로 생산 부서로 전달되고 이는 다시 생산계획에 반영된다. 그리고 후에 자재 자료에 연결되고 부품회사의 발주 시스템까지 전달된다. 경영자는 이 모든 과정을 PC를 통해 실시간으로 볼 수 있다. 삼성은 IT 하드웨어의 투자와 소프트웨어 개발, 솔루션을 도입해 실시간 기업(RTE: Real Time Enterprise)을 만들어냈다. 이런 삼성의 IT 시스템은 모든 삼성인이 빠른 시간 안에 같은 사실을 접할 수 있게 만들었고, 더욱더 빠른 일처리를 할 수 있도록 도움을 주었다.

삼성의 이메일 시스템인 '싱글(SINGLE: Sam sung Integrated Global Information System)'을 통해서도 세계 모든 삼성 관계사와 삼성인의 정보 교류가 가능하며 시스템 내의 모든 정보를 공유할 수 있다. 이런 시스템을 갖추기 전까지만 해도 해외의 낙후 지역 주재원들은 그룹 내 소식을 접하기가 쉽지 않았다. 하지만 그룹과 국내 일을 상세히 알 수 있는 싱글이 구축돼 여러 비즈니스를 진행하면서 정보 면에서 확실히 우위에 설 수 있었고, 이를 바탕으로 빠르고 정확한 업무 효과를 거둘 수 있었다.

IT 시스템을 구축하라

1990년대 한국 우량기업들이 집중적으로 투자를 한 부분이 IT 시스템의 구축이다. 1980년대까지만 해도 경영정보 시스템(MIS) 구축을 위해 전산 시스템을 가동했으나 인터넷의 발달과 함께 실무형 IT 시스템으로 전환하면서 시작된 일이다. 각 계열사별로 운영되고 있던 전산 부서를 통합형으로 바꾸면서 IT 시스템 전문회사를 만들었다. 삼성은 삼성SDS, LG는 LG CNS, SK는 SK C&C 라는 시스템 통합(SI: System Integration) 회사를 만들어 그룹 내부의 IT 업무를 총괄하는 한편 외부 SI 업무도 수주하도록 했다.

삼성SDS, LG CNS, SK C&C는 내부 SI 업무와 외부 SI 업무를 분리하여 운영했다. 내부 SI는 그룹 내 관계 사의 시스템 운영(SM)과 시스템 개발 업무를 담당했으며 그룹 내 인력의 IT 트레이닝을 실시했다. 우선적으로 전사적 자원 관리(ERP: Enterprise Resource Planning)를 총괄적으로 추진했다. 그룹 내 SI 회사들은 외부 컨설팅 회사나 IT 회사들로부터 ERP 추진을 위한 컨설팅을 받고 ERP 전문가를 양성했다. 그룹 내 전체의 하드웨어나 소프트웨어의 물량이 크기 때문에 IBM이나 SAP에서 적극적으로 교육을 하고 ERP 시스템 구축을 지원했다. 이렇게 그룹 SI 회사들이 관계 사의 ERP 시스템 구축을 동시에 진행함으로써 조립 회사와 부품 회사 간의 자원 관리가 빠르게 IT 시스템으로 전환되었다. 국내뿐 아니라 해외 법인과 지점망과도 ERP 시스템이 동시에 구축됨으로써 해외 법인에서 국내 공장과 바로 연결되어 판매와 생산 상황을 쉽게 파악할 수 있게 되었다. ERP 시스템과 전사적 물류 관리 시스템인 SCM이 연결됨에 따라 영업, 생산, 자재, 물류의 상황을 한눈에 파악할 수 있게 된 것이다.

ERP와 SCM은 삼성과 LG만 사용한 것이 아니라 외부 협력 회사도 같은 시스템을 구축하여 글로벌 스탠더드 방식으로 업무 처리를 진행했다. 이제 삼성SDS, LG CNS, SK C&C와 같은 SI 회사들은 그룹 내의 수많은 SI 업무의 경험을 바탕으로 외부 SI 업무의 비율을 지속적으로 높이고 꾸준하게 성장하며 서로에게 도움이 되는 존재가 되고 있다.

빠르게 커뮤니케이션하라

이건희 전 회장이 신경영을 선포하면서 제일 먼저 개선한 것이 바로 회의 문화다. 그는 시간 개념도 없고 내용도 빈약한 회의 문화를 바꾸기 위해 '337 운동'을 전개했다.

- 3ways of thinking(3가지 사고)
- 3principles(3가지 원칙)
- 7rules(7가지 지침)

회의를 시작하기 전에 먼저 3가지 사고를 통해 회의의 필요성에 대해 묻는 것이 중요하다. 그리고 회의를 간소화하여 회의 결정 후 질문을 함으로써 회의 내용을 스스로 정리하는 시간을 가져야 한다.

- 꼭 필요한 회의인가?
- 스스로 결정하면 되는 것은 아닌가?
- 더 좋은 수단은 없는가?
- 회의를 간소화시킬 수 없는가?
- 참석자를 줄일 수 없는가?
- 빈도, 시간, 배포 자료를 줄일 수 없는가?
- 좀 더 원할한 운영을 할 수 없는가?
- 회의 결정 후 질문 사항은 어떠한 것이 있는가?
- 다른 회의와 겸해서 할 수 없는가?

● 권한 위임으로 해결할 수 없는가?

● 다른 회의에 맡겨도 좋은 내용이 아닌가?

이러한 사고를 통해 회의를 최대한 간소화한다. 그리고 나서 3가지 원칙으로 회의를 운영한다.

● 회의 없는 날, 회의 없는 시간에 운영

● 회의 시간은 1시간을 원칙으로 하며 1시간 30분을 넘기지 않도록 조절

● 회의 기록은 한 장으로 정리

그리고 회의에 관한 7가지 지침 사항을 따르도록 한다.

● 시간 엄수

● 회의에 들어가는 경비를 회의 자료에 명시하여 낭비 요소 제거

● 회의 참석자 최소화(적임자, 담당자로 최소화)

● 불필요한 잡담을 금하고 회의 목적을 명확히 구분

● 회의 자료 사전 배포

● 참석자 전원이 발표하도록 유도

● 결정된 사항만 간단하게 기록해서 보관

회의에 필요한 시간, 경비와 인원은 최소화하되 모든 참석자가

참가할 수 있는 분위기를 조성하는 것이 삼성 회의 문화의 특징이다. 발상 회의는 좀 더 자유로운 분위기로 이끈다. 업무 관련 정식 회의는 간소화된 포맷으로 규정하여 회의 매너리즘에 빠지거나 시간을 낭비하는 일이 없도록 비효율적인 것을 미연에 방지하는 시스템으로 구축되어 있다.

임직원 모두가 서로를 평가하게 하라

다면평가는 '360도 피드백(360 degree feedback)' '다면평가 제도(multi-source feedback)' '복수 평가자 피드백(multi-rater feedback)' 등으로 불린다. 이는 상사가 부하를 일방적으로 평가하는 방식에서 벗어나 자기 자신이나 동료, 상사, 부하, 내부 및 외부 고객 등으로부터 피평가자에 대한 정보를 수집하고 피드백을 해주는 일련의 과정을 의미한다.

일반적인 평가는 윗사람이 아랫사람을 상대로 하는 것이 정상적이지만 삼성에서는 부하직원이 직간접적으로 상사의 고과에 영향을 주고 있다. 예를 들어 부하 대졸 사원 3명 이상이 퇴직을 하면 해당 관리자는 재평가 대상이 된다. 대부분 담당 부하직원의 잘못으로 퇴직하지만, 같은 관리자 아래에 있던 직원이 계속해서 퇴직하는 것은 관리자의 자질에 문제가 있음을 의심할 수밖에 없기 때문이다.

이런 방식으로 고급 관리자나 임원의 관리 능력이 평가되고 있다. 과거처럼 상급 관리자에게만 매달렸던 평가 시스템을 수정하고 인사평가를 위한 정보 수집 면에서도 객관성을 확보하고 있다. 과거에는 임원 후보자를 대상으로 주변 인물과 부하직원을 통해 비공개로 정보를 수집했다. 하지만 다면평가 제도를 활성화시켜 동료와 부하직원의 평가를 정기적으로 실시해 인사의 객관성을 확보했다. 현재까지 다면평가의 대상은 고참 부장까지였다. 히지만 곧 모든 관리자에게 확대해 적용할 계획이라고 한다. 실행 방법은 매년 동료 직원 2명과 부하직원 2명을 비공개로 선발해 관련 평가를 실시하며, 그 결과를 본인에게 직접 통보해 취약점을 개선하도록 유도하는 것이다.

그동안의 인재 발탁은 철저히 '톱다운(Top-Down)' 방식이었다. 그래서 윗사람이 부하직원을 신경 쓰지 않고 무시하는 경우가 발생했고, 그것을 개선할 별다른 방법이 없었다. 하지만 이젠 다면평가 제도가 실시되면서 삼성에는 윗사람뿐 아니라 동료나 부하직원에게까지 신경을 쓰는 문화가 조성됐다. 모든 평가 제도의 정확성을 판단하는 중요한 기준 중 하나는 신뢰성이다. 다면평가 제도는 위 아래를 통해 평가하므로 당연히 신뢰성을 가질 수 있다. 이러한 점에서 훌륭한 장점을 가지고 있다. 평가자 1명에 대해 여러 사람이 평가하기 때문에 소수가 평가했을 때 나타나는 단점을 최소화할 수 있다. 즉, 인사고과에서 자주 발생하는 후광 효과, 관대화 경향, 가혹화 경향, 최근 효과 등의 평가 오류를 개선할 수 있는 여지가 생긴 것이다. 하지만 단순히 평가자의 숫자를 늘린다고 해서 정확성이 높아지는 것은 아니다. 오히려 평가 능력이 부족한 다수에 의한 평가라면 정확한 한 사람의 평가보다 신뢰성이 떨어질 수도 있다. 삼성은 이러한 점을 극복하기 위해 자질을 갖춘 평가자 선발에도 노력을 기울이고 있다.

차별화된 기술 개발

시대의 흐름에 맞게 다시 태어나라

한국 기업들이 전략 사업으로 디지털 산업에 집중하면서 스피드가 중요한 경쟁력이 되고 있다. 디지털 세계에서는 다른 산업보다 기술 변화가 빨라 변화를 미리 감지하고 재빨리 따라잡지 못하면 한순간에 도태되기 때문이다. 텔레콤 산업 역시 통신 기술, 반도체 기술, 소프트웨어 기술이 복합적으로 연결되어 그 어떤 산업보다도 변화가 빠르다. 이 변화를 감지하고 따라잡기 위해 SK그룹에는 독특한 계열사가 있다. SK그룹 최태원 회장이 '대봉삼형제'라고 불리는 독특한 계열사(와이더덴닷컴, 이노에이스, 더콘텐츠컴퍼니)를 직접 만들었다.

서울 도곡동의 '대봉빌딩'에 자리 잡고 있다고 해서 '대봉삼형제' 라고 불리는 이 세 회사는 외부에서 SK텔레콤의 신사업을 발굴하는 '별동대' 역할을 한다. 이 회사들이 시대의 흐름을 간파해 콘텐츠, 솔루션, 무선인터넷 분야의 신사업 모델을 만들면 이를 SK텔레콤에 이식(移植)하는 방식이다. 최태원 회장은 이런 회사를 만든 것에 대해 이렇게 말했다.

"이미 대기업이 된 SK텔레콤은 기업의 규모상 창조적인 서비스를 만들기 어렵다. 도전적인 아이디어를 실행할 수 있는 중소벤처를 만들어 혁신을 주도해야 한다."

사실 기업들이 직원들에게 끊임없이 창조적인 마인드를 요구하지만 대기업의 분위기상 창조적인 마인드를 유지하는 것은 쉬운 일이 아니다. 최태원 회장은 그 사실을 인정하고 별동대 역할을 하는 대봉삼형제를 만든 것이다. 결국 대봉삼형제는 SK텔레콤의 환경적 응력을 높이기 위해 의도적으로 돌연변이 유전자를 이식하는 실험이었던 셈이다.

텔레콤 산업의 대표주자인 SK텔레콤은 기술의 변화와 시장의 변화를 리드하기 위해 거의 매년 변화와 혁신을 이루었다. 일단 1997년에 SK텔레콤으로 회사 이름을 변경하면서 'SPEED 011'이라는 새로운 브랜드를 도입해 첫 변화를 시작했다. 이때까지만 해도 이동통신 서비스 비용과 단말기 가격에 대한 부담감 때문에 고객은 주로 비즈니스맨이나 기성세대에 한정되어 있었다. 그로 인해 SK텔레콤은 다시 한번 변화를 시도했다. 1999년에 이동통신 가입자들의 연령을 젊은 층으로 낮추기 위해 'TTL' 브랜드를 도입한 것이 그것이다. 젊은이들을 위해 새로운 서비스를 도입하고 그들이 접근하기 쉽게 이용 가격을 낮추는 전략을 취한 결과, 가입자가 크게 늘어났다.

2000년대에 들어서자 인터넷 이용이 급증하고 있는 사회 분위기를 파악한 SK텔레콤은 2002년에 인터넷 포털인 'Nate.com'을 오픈하고, 유무선 서비스를 내세워 발 빠르게 콘텐츠 확보에 나섰다. 변화는 더욱 견고하게 이루어졌다. SK텔레콤은 휴대폰을 이용한 금융거래 서비스를 지원하기 위해 2004년에 모바일 뱅킹 서비스를 개시했고, 2005년에는 유무선으로 음악을 다운로드 받을 수 있는 '멜론(Melon)' 서비스를 실시했다. 2006년 말에는 휴대폰과 신용카드를 결합하여 사용할 수 있도록 신용카드 모바일 결제 시스템을, 2009년에 위성TV인 DMB 서비스가 개시되면서 휴대폰으로 DMB를 볼 수 있는 서비스를 오픈했다. 이로써 한국은 집 안에서뿐만 아니라 달리는 지하철이나 버스에서도 휴대폰으로 TV를 볼 수 있는 최초의 나라가 되었다.

아무리 기능이 좋다 해도 그 기능이 시대의 흐름에 맞지 않다면 고객들에게 철저히 외면받을 것이다. SK텔레콤은 시대의 흐름에 맞게 고객이 원하는 모든 기능이 휴대폰에서 실현 가능하도록 만들었다. 순간순간이 생존의 갈림길이다. 변화를 감지하지 못하는 기업은 가차 없이 탈락하는 초(超)경쟁시대에서 살아남는 길은 오직 하나뿐이다. 미리 변화를 예측하고, 한 발자국 빨리 변화하는 선행 진화가 바로 그것이다.

차세대 기술에 도전하라

하버드대학의 크레이턴 크리스텐슨 교수가 "전기자동차는 자동차 산업의 미래를 바꿀 와해성 기술(Disruptive Technology)이다"라고 말한 바 있다. 그만큼 전기자동차는 현존하는 기술을 무력화시키고 산업을 획기적으로 변화시킬 수 있는 신기술이다. 모든 산업을 마비시킬 만큼 전기자동차가 몰고 올 산업의 파장은 크다. 기존의 하이브리드카는 반은 가솔린으로, 반은 전기로 움직였지만 그와 달리 순수 전기자동차는 아예 가솔린 엔진이 없다. 그래서 전기자동차 경쟁의 핵심은 엔진이 아니라 안전성이 높고 고용량의 배터리를 누가 먼저 만드느냐에 있다.

그러한 초유의 관심 속에서 LG화학이 전기자동차의 배터리 개발에 첫 포문을 열었다. LG화학은 2009년 초에 GM의 전기자동차인 '시보레 볼트'의 리튬이온전지의 단독 공급 업체로 선정되는 쾌거를 이뤘다. 또한 2010년부터 2015년까지 6년 동안 리튬이온전지를 GM에 공급할 예정이다. GM이 2011년에 내놓을 SUV(스포츠 유틸리티 차량)형 플러그인 전기자동차의 배터리 단독 공급권도 따냈다. 이와 함께 LG화학은 3억 달러 투자 규모의 미시간 주 디트로이트 현지 공장 건립 비용 중 절반에 해당하는 1억 5,000만 달러의 현금 지원을 미국 연방정부로부터 얻어냈다. LG화학은 현대자동차가 출시한 하이브리드형 아반떼와 기아자동차의 하이브리드형 포르테에도 리튬이온전지를 공급하기로 되어 있어 어느 기업보다도 활발하게 전 세계에 전기자동차 배터리를 전파하고 있다.

배터리 부분에서 활발하게 활동하고 있는 기업은 LG화학뿐만이 아니다. 또 다른 한국 기업인 삼성SDI는 2009년 8월에 독일의 대표 자동차 브랜드 BMW의 차세대 야심작인 전기자동차의 배터리 공급권을 단독으로 따냈다. BMW가 일본과 미국의 유수의 배터리 업체를 뒤로 하고 삼성SDI를 선택한 배경은 무엇일까? 그것은 바로 세계 최고의 기술력 때문이다. 삼성SDI는 기술력을 확보하기 위해 세계 최대 자동차 부품 업체인 독일 보쉬와 합작으로 SB리모티브를 설립했고, 이어서 미국 자동차 배터리 업체인 '코바시스'를 인수하여 배터리 사업의 기술을 확보했다.

SK에너지도 리튬이온 배터리 개발을 완료하고 외국 자동차 회사에 공급하는 건을 마무리하며 세계시장의 문을 두드릴 예정이다.

그렇다면 한국 기업과는 달리 일본 기업들은 왜 전기자동차 배터리 분야에서 제대로 힘을 발휘하지 못하는 걸까? 그 이유는 일본 업체들은 대부분 니켈수소 배터리를 택하고 있는 반면 LG화학, 삼성SDI, SK에너지는 리튬이온 배터리 방식을 택하고 있기 때문이다. 현재는 리튬이온 배터리 가격이 최대 15% 정도 비싸지만 에너지 밀도나 출력에서 앞서 있고 크기도 더 작게 만들 수 있는 장점을 가지고 있다. 더구나 폭발 위험도 적고, 배터리 수명도 상대적으로 길어 가장 수요가 많은 미국이나 유럽 자동차 회사들이 리튬이온 배터리를 선호하고 있다.

현장 중심의 인력을 배치하라

삼성전자는 2008년에 대대적으로 조직을 개편했다. 서울 서초동 본사에 있던 마케팅팀과 스태프 부서에 있던 1,200명 중 일부만을 남기고 거의 모든 인력을 현장으로 배치하여 현장 중심의 경영을 시작했다. 본사 기획팀과 정보통신 총괄팀에 따로 있었던 기획 부서 역시 이번 현장 경영의 일환으로 하나로 통합되어 수원 사업장으로 배치됐다. 수원 사업장에는 38층 규모의 디지털 미디어연구소를 비롯해 정보통신연구소, 생활가전연구소, 완제품(DMC)연구소가 자리 잡고 있다. 의사소통을 자주 해야 하는 부서가 서로 멀리 떨어져 있다면 효율성이 떨어지고 현장의 목소리를 생생하게 전달할 수 없다. 이런 폐단을 없애기 위해 현장 경영이 시작되었고, 수원 사업장에서는 마케팅팀과 개발팀이 한 건물의 위아래 층에서 근무하게 되었다. 효과는 바로 나타났다. 이전보다 내부 커뮤니케이션이 빠르게 이루어졌고, 이로 인해 시장 변화와 고객 요구에 빠르게 대응할 수 있었다. 이제 수원 사업장의 2만 8,000명의 기획, 마케팅, 연구 인력이 총집결하여 좀 더 빠르고 효율적인 방법으로 세계가 깜짝 놀랄 만한 신제품을 개발할 수 있게 되었다.

삼성전자가 현장 경영을 실시하고 1년이 지난 후 LG전자도 2009년 초에 본사 인력 4,000명을 현장에 배치했다. 세계적인 불황으로 인해 대부분의 한국 기업이 조직을 줄이고, 인원 감축을 실시했으나 LG전자는 인원을 감축하는 대신 다른 방법을 생각했다. 사무직과 연구 개발직 2만여 명 중 20%인 4,000명을 신사업 발굴에 투입하며 인원을 이동시킨 것이다. 이들은 현장의 목소리를 생생하게 듣고 느끼며 앞으로 LG전자를 먹여 살릴 수 있는 신규 비즈니스를 창출하고 생산성 개선 방안과 비용 절감 태스크포스 업무에 전념하고 있다.

R&D 인력에 대한 현장 경영도 실시되었다. LG전자는 서울과 오산, 구미에 흩어져 있는 R&D 인력을 서울 서초동 R&D센터로 통합했다. 40층 규모의 초대형 빌딩에 수천 명의 R&D, 마케팅 인력이 함께 근무하면서 R&D의 기술력을 높이고, 고객이 원하는 시장지향적인 제품 개발을 만들 수 있는 교두보를 마련했다. 그리고 '인사

이트랩'이라는 독특한 공간을 만들었다. '인사이트랩'이란 신제품 또는 신규 사업의 아이디어를 발굴하는 장소로 소파, 침대, TV, 냉장고, 세탁기 등을 일반 가정이나 사무실처럼 배치해 놓는 것이다. 이 역시 현장 경영의 일환이다. 직원들이 소비자들과 똑같은 환경에서 활동하면서 좀 더 현실적인 아이디어와 마케팅 포인트를 찾아낼 수 있게 하는 것이다. 직원들은 인사이트랩을 찾는 기술 및 디자인 전문가들과 수시로 아이디어를 공유하며 소비자에게 좀 더 가깝게 다가서기 위해 노력하고 있다.

디자인으로 승부하라

시간과 자본만 있다면 언젠가는 대부분의 기술력(첨단 기술을 제외하면)을 소유할 수 있다. 이제는 모든 기업의 기술력 격차가 종이 한 장 차이를 벗어나지 못한다. 이것을 간파한 삼성은 1995년에 기술력보다는 디자인이 먼저라고 생각하고, 이론과 실무의 균형에 기반을 둔 창조적인 디자이너 양성을 위해 삼성디자인학교(SADI: Sam sung Art & Design Institute)를 설립했다. 지금도 꾸준히 '명품을 만드는 디자이너는 그 자체가 명품이어야 한다'라는 신념으로 산학 연계를 토대로 디자인 인재를 양성하고 있다. SADI는 미국 뉴욕의 디자인 명문 학교 파슨스(Parsons)와 제휴해 국내 최초로 선진화된 커리큘럼을 갖추고 지속적인 수정과 보완을 통해 SADI만의 고유한 교육 모델을 보유하고 있다.

기업이 보여줄 디자인은 예술적인 차원의 디자인이 아니다. 그렇기 때문에 필요 이상으로 화려하거나 단조로울 필요가 없다. SADI의 차별성은 여기에서 나온다. 산업과 밀접한 디자인을 만들기 위해 삼성계열사의 CEO 혹은 권위 있는 현장 전문가들의 자문을 받고 있기 때문이다. 또한 전임교수와 겸임교수진 모두 필드에서 왕성하게 활동 중인 디자이너들이다. 이외 함께 국내외 권위 있는 전문가들을 초청해 특강 및 워크숍을 진행함으로써 바로 활용할 수 있는 업계의 실질적인 노하우를 학생들이 직접 전수받을 수 있는 기회를 제공하고 있다. 삼성계열사를 비롯해 업계와 함께 진행되는 산학 프로젝트의 경험은 졸업 후에 기업에서 실제 프로젝트를 수행할 때 문제해결 능력을 기르는 데 큰 기여를 하고 있다.

또 다른 한국 기업인 현대자동차 역시 수입차 못지않은 디자인으로 세계인의 마음을 사로잡고 있다. 현대자동차의 제네시스는 명품 브랜드인 프라다와의 콜레보레이션 작업을 시도했다. 서울모터쇼에서 공개한 제네시스 프라다가 바로 그것이다. 이는 제네시스가 프라다와 만나 외장 광택을 크게 줄이고 시트에 프라다 특유의 가죽을 입히는 등 품격과 디자인을 강조한 모델이다. 현대자동차는 국내 시장점유율 1위, 세계 4위의 업체다. 하지만 얼마 전까지만 해도 내세울 만한 디자인 아이콘이 없던 것이 사실이다. 전문가들이 "해외 주요 고급차의 좋은 디자인을 벤치마킹하다 보니 정체성이 없다"라는 혹평까지 할 정도였다. 이런 현대자동차였지만 최근 품질에 대한 국내외의 호평을 바탕으로 이젠 디자인 경영에도 본격적으로 나서 고객의 눈길을 끌고 있다. 그 시험 무대가 될 작품이 YF소나타다. 현대자동차는 이 모델을 시작으로 향후 전 차종에 새로운 디자인을 반영하겠다는 계획을 세우기도 했다. 2009년 9월에 출시하여 올해 6만 대를 판매하겠다는 목표를 가진 YF소나타는 놀랍게도 예약판매로만 이미 목표의 절반 가까이를 판매했다. YF소나타의 돌풍에 기능과 품질도 한몫했지만 결정적인 역할을 한 것은 디자인이었다. YF소나타는 닛산 알티마나, 도요타 캠리 등 동급 중형세단보다 고급스러워 보인다는 평을 받고 있다. 현대자동차는 미국이나 유럽 등지에 따로 디자인 연구소를 운영하여 그 나라에 맞는 디자인을 끊임없이 연구하며 고객의 니즈를 파악하는 데 전력을 다하고 있다. 그 결과 이제 현대자동차의 디자인 수준은 미국자동차 수준을 넘어 세계적인 수준에 근접했다.

모든 직원의 아이디어를 기업 경쟁력으로 만들어라

모든 사업의 시작은 아이디어다. 아이디어를 생산하는 단계 없이 사업을 시작할 수는 없다. 결국 기업의 경쟁력은 직원들에게 '얼마나 양질의 아이디어를 끌어낼 수 있는냐'가 좌우한다. 이에 SK텔레콤의 정만원 사장은 4,500명 전 사원에게 신사업 아이디어를 내라는 주문을 했다. 전 직원이 A4 한 장에 신사업에 대한 아이디어를 적어 사장에게 직접 이메일로 보내라는 것이었다. 새로운 아이디어를 내는 것에 있어 복잡한 양식의 두꺼운 보고서는 중요하지 않다.

창의적인 기업이 되지 못하는 가장 큰 이유는 아이디어의 부재가 아니라 아이디어를 살리지 못하는 기업 문화 때문이다. 힘들게 새로운 아이디어를 생각했지만 과장, 팀장 그리고 중역의 결재를 거치면서 아이디어가 도중에 죽거나 의미 없이 변질될 수 있다. SK텔레콤은 이메일을 이용하는 방법을 선택했다. 그래서 SK텔레콤에서는 아이디어를 현실화하기 위해 복잡한 단계를 거치지 않는다. 직원이 자신의 아이디어를 이메일로 사장에게 제출을 하면 사장과 전략조정실장 등 3명이 1차적으로 평가를 한다. 여기를 통과하면 해당 분야 전문가의 도움을 받아 사업의 전망과 실행 가능성이 포함된 1차 사업 계획서를 작성하게 된다. 이에 대해 다시 최고 경영진의 평가를 거쳐 사업 추진 여부를 최종 결정한다. 아이디어가 최종 선정되면 제안자가 해당 사업을 총괄 지휘하는 프로젝트 매니저가 되어 사업을 진행하게 된다. 아이디어를 내고 그 사업의 CEO가 되어 자신만의 사업을 하는 색다른 기분으로 업무를 하게 되는 방식이다. 자기 일을 하고 있다는 생각이 들기 때문에 SK텔레콤에서는 더욱더 많은 직원이 아이디어를 내고 그것이 사업으로 진행되고 있다. 아이디어가 없는 사람은 없다. 다만 창의적인 문화가 없을 뿐이다. 그래서 기업 내에 있는 창의 집단이 창의력을 발휘할 수 있도록 기회를 제공하고, 그 문화를 만들어나가는 것은 참으로 중요한 일이다.

현대자동차는 'CAP'라는 미팅을 통해 조직의 창의력을 이끌어내고 있다. CAP미팅은 소통(Communication), 실행(Action), 성과(Performance)의 앞글자를 딴 조어다. CAP미팅은 직원들의 아이디어와 경험을 공유해 업무 효율을 높이거나 낭비 요소 등을 제거하는 등의 실천 전략을 만들어낸다. 이는 세계 최대 자동차 업체인 도요타를 넘어 자동차 1위 기업이 되기 위해 필요한 혁신과 변화를 이끌어낼 수 있도록 시작된 아이디어 미팅이다. 진행 방식은 간단하다. 현대자동차의 임직원이라면 누구나 사내 정보공유 시스템인 'CAP e-Lounge'에 접속해 CAP미팅 주제를 제안할 수 있다. 제안된 주제는 관련 부서에 이메일로 통보된다. 임직원의 제안이 최종 채택되면 CAP미팅이 구성된다. 여기에는 관련 과제를 해결할 실무자(참가조원), 의사결정을 내릴 수 있는 임원과 팀장(스폰서), 회의를 전문적으로 진행하는 진행자(퍼실리테이터)가 참여한다. 원활한 회의 진행을 위한 전문 진행자인 퍼실리테이터는 사내에 281명이 육성되어 있다. CAP미팅 참가자들은 먼저 1박 2일 '끝장 토론'을 개최한다. 여기서 참가자들은 주제에 관한 심도 있는 논의를 하고 임원과 팀장급인 스폰서는 그 자리에서 토론 내용을 수용할지에 대한 여부를 결정한다. 토론 내용이 수용되면 이후 2~3개월 동안 지속적으로 회의를 진행해 특정 주제와 관련된 구체적인 실행방안이나 개선안을 마련한다. 또한 R&D 투자업무 효율화, 팀 간 교환근무 활성화, 표준화를 통한 개발 효율증대 등의 문제도 논의하고 해결한다. CAP미팅을 처음 실시한 2005년에는 400여 명의 연구원이 참여했으나 2009년에는 1,600명으로 늘어나면서 더 많은 아이디어가 쌓이고, 그것이 힘이 되어 효율적으로 기업을 운영하는 데 일조하고 있다. 이제 1,600명의 현대자동차 임직원은 서로의 정보를 공유하면서 새로운 아이디어를 생산하고, 그 아이디어가 신차 개발과 투자 업무를 효율적으로 이끌어나갈 수 있는 방안을 찾아내고 있다.

창조형 인재 양성

창의 집단을 키워라

삼성전자는 주요 신사업 결정에 따른 가치 분석을 적용하기 위해 1998년에 가치혁신프로그램(VIP: Value Innovation Program) 센터를 설립했다. 삼성전자에서 만들어지는 모든 세계적인 명품은 그곳에서 만들어진다. 삼성전자 수원 사업장 동편 2단지에 위치한 VIP센터는 가치혁신을 현장에 적용하기 위한 다양한 프로그램을 진행하고 있다. 센터 출범 이후 도입된 대표적인 경영전략 툴이 바로 '가치혁신(VI: Value Innovation)' 이론이었다. 이어 태스크포스를 조직해 삼성의 체질에 맞는 VI를 개발하기 위해 새로운 툴을 보충하며 완벽한 모습으로 발전해나갔다. 그중 하나로 고객의 요구를 계량화하기 위해 일본 간다 교수의 '세븐 툴(7 tools)'을 도입했고, 기술적인 모순을 과학적으로 해결하기 위해 러시아에서 개발된 모순 해결 방법론 '트리즈(TRIZ)'를 적용했다. DFX(생산성 향상을 위한 조립방법론)도 접목시켰다. 이후 임직원을 대상으로 수차례 워크숍을 실시하는 등 사내에 가치혁신 이론을 알렸다.

'VIP센터'에서는 각 사업부에서 파견된 엔지니어들이 마케팅, 디자인, 제조 등 다양한 부서의 인력들과 협업팀(CFT: Cross Functional Team)을 이루어 제품 기획 프로젝트를 수행하고 있다. 이들이 맡은 업무는 회사 내에서 모두 1, 2등급으로 분류되는 비중 있는 과제들이다. 1등급 과제는 세계 최초 개발을 목표로 삼고 있는 것이고, 2등급 과제는 기존 제품의 기능을 획기적으로 개선하는 데 중점을 두고 있다. 이들 과제는 모두 삼성전자의 미래를 좌우할 중요한 프로젝트다. 카메라폰을 비롯해 노트북컴퓨터, 컬러 레이저 프린터, DVD 플레이어, 프로젝션 TV, LCD 모니터, 양문형 냉장고, 공기청정기, CD-RW 등 수많은 히트 제품이 모두 VIP 센터를 거쳐 세계적인 명품으로 태어났다.

세계적인 명품을 기획하는 곳이기에 VIP 센터에서는 디자이너와 개발자 간의 불꽃 튀는 맞대결이 흔하게 일어난다. 하지만 이러한 토론과 연구 과정이 상호 시너지 효과를 유도하며 긍정적인 순환을 이루고 있다. 디자이너와 개발자 간의 토론은 결국 어떠한 의견이 고객에게 더 많은 가치를 주느냐에 따라 승부가 갈린다. 그들이 더 열을 내며 토론할수록 고객에게 제공되는 상품은 더욱더 명품의 면모를 갖춰나가는 것이다. 예전에는 소니나 파나소닉 같은 일본 회사들을 모방하는 데 급급했으나 VI기법을 도입한 뒤부터 경쟁 기업을 뛰어넘는 혁신적인 아이디어들이 만들어졌고 그것이 실제 상품에 성공적으로 접목되면서 명품의 산실이 되었다.

실행력 위주로 교육하라

LG그룹은 이론과 지식 중심으로 교육을 해오던 직원 교육 방식을 현장에서 실현 가능한 실무형으로 바꾸었다. 신입사원 교육과 기존 사원의 필수과정과 승진과정의 이론 중심 교육을 탈피하여 현장에서 사용 가능한 실력을 강화하는 쪽으로 프로그램을 변경한 것이다. 직원들은 교육 프로그램으로 문제해결 능력, 현업 적용을 위한 실습 위주의 교육, 사례 연구과 코칭 및 피드백을 하면서 실행력을 기를 수 있는 교육을 받게 되었다. 이와 같이 교육 평가를 강화하는 일환으로 학습 결과를 이전보다 정밀하게 측정하여 교육 몰입도가 높아지는 효과를 얻을 수 있었다. 개인 및 팀 활동을 동시에 평가함으로써 팀워크 향상을 꾀하고 대리와 과장, 부장 등 진급과정에 회계와 마케팅을 필수과정으로 집어넣어 회계의 투명성과 고객 중심 경영을 강화했다. 신제품 개발의 경우에는 상품 설계 및 시장조사, 마케팅 전략 수립, 수요 예측을 통한 수익성 전망까지 모든 프로세스를 경험하도록 했다.

삼성그룹 역시 실행력이 발휘될 수 있는 조직으로 변화하고 있다. 일단 기본적으로 직급에 대한 변화가 생겼다. 삼성의 상당수 계열사의 직급이 삼성화재에서 시범 실시하고 있는 것과 같이 3단계로 바뀔 것이라는 말이 나오고 있다. 이는 임원과 사원은 지금 체계를 유지하되 전통 직급인 '주임-대리-과장-차장-부장'을 '선임-책임-수석' 등 3단계로 단순화한다는 것이다. 창의적인 삼성의 문화가 조직 내에서 원활하게 작동될 수 있도록 직급 중심에서 직무 중심으로 조직을 재편하는 것이다. 이는 구성원 간에 쓸데없는 시간 낭비를 하지 않고 '제대로 일하며 실행력 있는 조직'을 만들겠다는 목적이다.

삼성의 직급 체제가 바뀌는 것처럼 삼성그룹의 신입사원 교육도 크게 바뀌었다. 다른 무엇보다 상상력 발휘에 주안점을 두고 '창조 교육'을 실시하고 있다. '신입사원 교육 입소식'이라는 구시대적인 표현을 쓰지 않고 'Welcome to Sam sung Ceremony'로, 수료식도 'New Start in Sam sung'으로 바꾸어 창조적인 느낌을 받을 수 있게 했다. 교육 프로그램도 창조경영에 맞게 새로워졌다. 'Learn & Joy'는 미래형 제품을 공동으로 개발하는 프로그램이다.

모든 신입사원을 팀으로 나누어 과제를 주는데 이때 주제 자체를 각 팀이 스스로 찾도록 한다. 팀별로 주제를 정하고 그 주제에 맞게 제품의 모형을 만들어야 한다. 이를 위해 신입사원들은 온갖 상상력을 동원한다. 단순히 제품만 만들면 되는 것이 아니라 그것을 만들 수 있는 과학적 방법을 제시해야 한다. 그리고 4주 교육 말미에 진행되는 제품 발표회(프레젠테이션)를 통해 그 제품을 만들 수 있는 방법론과 시장에 대한 아이디어, 제품 기획과정을 상세히 설명해야 한다. 프레젠테이션이 끝나면 신입사원들이 만든 제품 전시회가 열리고 정밀한 평가가 이루어진다.

삼성과 LG뿐 아니라 국내 다른 우량기업의 연수 프로그램 역시 질적으로 개선되어 있다. 또한 온라인 연수 프로그램도 다양하게 제공되고 있다. 오프라인 교육은 한계가 있기에 온라인 e-러닝 교육을 대폭 늘려 교육이 좀 더 가까운 곳에서 실시될 수 있도록 만들었다. 전문 교육은 e-러닝으로 수강하게 함으로써 많은 인원에게 빠르게 교육을 실시할 수 있다. e-러닝으로는 문제해결형의 교육이 힘들기 때문에 온라인과 오프라인 교육을 병행하는 액션러닝(Action Learning) 형태의 교육 프로그램을 활성화하여 이론보다는 실행력 위주의 교육을 하는 데 투자를 아끼지 않고 있다.

멘토링으로 암묵지를 전수하라

인재를 입사시키는 것보다 중요한 것이 입사시킨 인재를 관리하는 일이다. 삼성의 한 관계자는 다음과 같이 말하며 관리의 중요성을 강조한 바 있다.

"능력이 뛰어날수록 경쟁 회사의 스카우트 표적이 된다. 외국인들의 경우 이질적인 한국 문화에 적응하기 어렵기 때문에 멘토 문화는 핵심인재를 관리하는 효과적인 방법이다."

내국인뿐 아니라 외국인이 함께 근무하고 있는 글로벌 기업에서는 기업을 발전시키기 위해 '멘토'의 존재가 중요하다. 이에 삼성은 CEO가 직접 삼성의 S급 외국인 핵심인재의 멘토 역를 맡고 있다. CEO가 한 달에 한 번씩 이들과 함께 식사를 하는 등의 방식으로 자연스럽게 면담의 기회를 갖는다. 대화는 복잡한 현안들이 아닌 가족들의 안부를 묻는 데서 시작된다. 일상의 크고 작은 고충과 애로사항들을 물어보고 업무 흐름에 불편함이 없는지도 체크한다. 면담이 끝나고 나면 CEO는 직접 메모한 것을 해당 부서에 전달해 인재들의 업무와 생활에 불편함이 없도록 주의를 기울일 것을 지시한다.

삼성전자의 경영지원총괄 사장과 인사팀장도 이러한 방식으로 핵심인재들과 매월 대여섯 번의 정기 면담을 갖는다. 멘토 제도는 삼성이 자랑하는 핵심인재가 불편 없이 회사에 안착해 더욱 오랫

동안 근무하여 다양한 성과를 낼 수 있도록 마련한 제도 중 하나다. 좀 더 자세하게 설명하자면, 사장은 S급 인재, 사업부장은 A급 인재, (수석)부장은 H급 인재에 대해 1대 1로 직접 멘토를 맡아야 한다. 매월 면담 보고서를 제출해야 할 뿐 아니라 개선 요청 사항을 받아들여 즉시 시행하는 것도 멘토의 의무다. 만약 핵심인재가 석연찮은 이유로 회사를 그만두게 되면 1차적으로 책임을 져야 하는 사람이 멘토이기 때문에 더욱 각별한 마음으로 멘토의 역할을 해야 한다.

특히 가장 중요한 것은 소문이다. 조직 운영에 불만을 품고 떠난 외국인 핵심인재가 삼성에 대한 험담을 늘어놓고 다니는 것은 최악의 상황이다. 세계 IT 업계에 평판이 나빠지면 인력 수급에 큰 차질이 빚어지기 때문이다. 이 때문에 퇴직 가능성이 있다고 판단되는 사람에 대해서는 밀착 관리에 들어가 대인관계 및 개인 전문성과 업무의 적합 여부 등을 정밀하게 진단하여 즉각적으로 개선책을 마련한다. 이러한 노력 때문인지 핵심인재의 퇴직률은 2.3%에 불과하다.

하지만 핵심인재를 관리하는 것은 단순히 회사에 붙들어두려는 목적이 아니다. 인재로 하여금 조직 문화에 잘 적응해 일에 대한 보람과 성취감을 느끼게 하는 것이 주된 목적이다. 외국인은 삼성에 입사하게 되면 일단 'Employee Guide Book'이라는 이름의 책자를 제공받는다. 이 책은 인사 제도, 편의시설, 회사 소개, 정착 정보, 주거지 금융·의료 시설 이용법 등이 자세하게 소개되어 있다. 삼성은 이를 통해 인재 간의 상생풍토를 조성하여 조직 전반의 경쟁력을 높인다는 전략이다.

결과적으로 멘토링 프로그램은 조직 활성화에 큰 도움을 준다. 기업조직이 새로운 도약을 위해 새로운 성장엔진을 장착하듯 기업에는 항시 새로운 인재들이 수급되어야 우량기업을 유지할 수 있다. 그것이 기업의 정신과 기술을 썩지 않게 만드는 선순환의 원동력이다. 만약 수급되는 인재가 없고, 수급된 인재마저 중도에 퇴사를 한다면 조직은 고인 물이 되고 결국 써을 수밖에 없을 깃이다. 인새가 회사를 떠나지 않고 정착하는 것은 청량제를 얻는 것과 다름없다. 결국 그 조직은 활성화에 도움을 받을 것이다.

경력개발 센터를 운영하라

삼성맨에게는 소위 '패자 부활전'이라는 기회가 주어진다. 때문에 능력만 있다면 한번 눈 밖에 난 사람이라도 언제든지 재기용될 수 있다. 윤종용 전 삼성전자 부회장, 남궁석 전 국회의원(전 삼성 SDS사장), 경주현 전 삼성중공업 부회장 등은 잠시 외도를 했다가 다시 삼성에 복귀한 CEO들이다.

삼성전자 VCR 사업부장을 지냈던 윤종용 전 부회장은 1980년대 중반에 현대전자로 자리를 옮겼다. 당시 삼성전자의 VCR 사업은

핵심 사업임에도 불구하고 불량률이 높아 골칫거리 신세에서 벗어
나지 못했다. 때문에 윤종용 부회장은 고 이병철 회장으로부터 여
러 차례 지적을 받았다. 그러자 그는 삼성에 염증을 느끼게 되었고,
삼성전자를 그만두고 현대전자로 옮겼다가 다시 네덜란드 필립스
본사로 이직했다. 하지만 고 이병철 회장이 물러나고 1987년에 이
건희 전 회장이 취임한 후 윤종용 전 부회장에게 다시 회사로 돌아
올 것을 요청했다. VCR 사업을 살리려면 윤종용 상무(당시 직급)가
필요하다는 판단 때문이었다. 사실 대부분의 기업에서 제 발로 나
간 사람을 다시 부르는 건 상식에 어긋나는 일이다. 하지만 그는 결
국 재입사를 했고, 1997년 IMF를 맞았을 때 성공적인 구조조정으
로 삼성전자를 한 단계 끌어올리는 결정적인 역할을 했다. 한 번 외
도를 한 사람이라도 능력이 있다면 다시 부른다는 이건희 전 회장
의 용인술이 적중한 것이라 볼 수 있다. 그러나 퇴사한 사람이 어
디에서 무엇을 하며 살아가고 있는지 소재를 파악할 수 없다면 이
와 같은 일에는 많은 어려움이 따른다. 그래서 삼성은 CDC(Career
Development Center)를 운영한다. 이는 직원들의 경력 관리를 대
행하는 역할을 맡고 있어 퇴직 임원들의 재취업 기회까지 관리해
주고 있다. 이 시스템을 통해 자연스럽게 모든 직원의 인적 사항과
소재를 파악할 수 있다. 이는 2009년 현재까지 활발하게 작동하며
800여 명의 임직원이 CDC를 거쳐 새로운 일자리를 찾았다.

고객가치 공유

고객을 감동시켜라

LG그룹은 1990년대부터 '고객을 위한 가치 창조와 인간 존중의 경영'을 경영철학으로 삼고 있다. 이는 기업 활동이 고객을 위한 가치 창조에 초점이 맞춰 있어야 창의와 도전정신이 살아난다는 의미다. LG그룹에서는 결재 서류 최종란에 '고객'이라는 빈 칸이 있다. 이 서류의 최종 결재권자는 사장이 아니라 고객이라는 의미다.

LG그룹의 사례에서 알 수 있듯 경영이란 회사에 이익을 주기 위함이지만 근본적으로 이익은 고객이 주기 때문에 결국 경영은 고객의 니즈를 분석하고 그에 맞는 제품을 생산하는 것이라 볼 수 있다.

삼성전자가 처음 반도체 사업을 시작하려고 했을 때 주위에서는 초기 투자 비용이 너무 많이 들어간다며 만류했다. 그러나 삼성은 반도체 사업에 고객의 니즈가 있고 더불어 장래 수익성이 확실히 존재한다고 생각했다. 결국 확실한 판단이 위험을 무릅쓰고 막대한 투자로 승부에 나설 수 있게 만들었다. 특히 삼성전자는 불경기일 때 더욱 과감하게 투자를 감행했고, 투자한 것 이상의 결실을 맺었다. 이렇듯 삼성전자의 성공은 '반도체 시장에 반드시 고객의 니즈가 존재한다'라는 생각에서 비롯되었다. 삼성은 세계시장에서 정상을 차지한 후에도 신규 고객 확보를 위한 일에 저가격 전략을 사용하지 않았다. 더 높은 품질의 새로운 반도체 개발 등으로 고객의 니즈에 철저하게 부응하는 전략을 구사하였기 때문에 지속적인 고수익이 가능했다.

불황에 빠진 세계 자동차시장에서 현대자동차의 판매량 수직 상승은 또 다른 '현대 신화'로 이어지고 있다. 미국에서 가장 시청률이 높아 광고 단가가 비싼 TV프로그램이 있다. 그것은 바로 프로풋볼(NFL) 챔피언 결정전인 '슈퍼볼'이다. 전 세계에서 TV 중계를 지켜본 시청자들은 도발적인 내용의 광고를 지켜보았다. 그 주인공은 바로 현대자동차. 현대자동차의 '제네시스'가 도요타 렉서스와 벤츠 등 세계 최고 자동차들을 제치고 올해 북미의 차로 선정되었다는 소식에 경쟁사의 최고경영자들이 버럭 화를 내는 내용이었다.

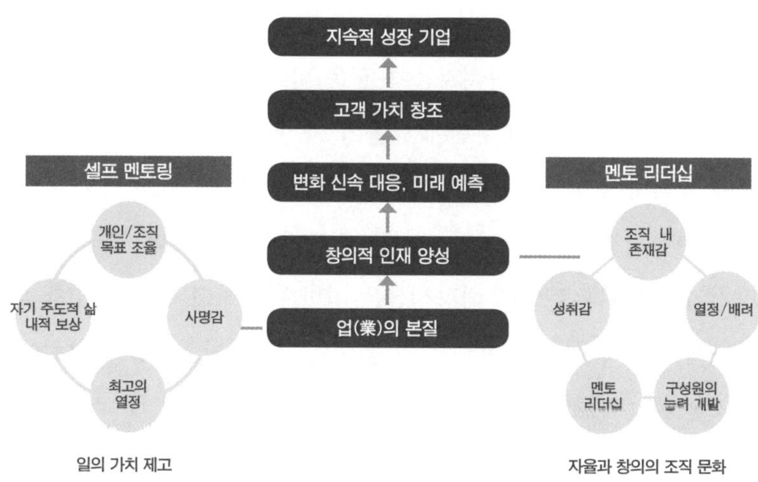

이 광고는 자동차의 본고장이라 할 수 있는 미국시장에서 질주하는 현대자동차의 위상을 단적으로 보여준 것이기에 더욱 의미가 크다.

현대자동차가 불황을 뚫고 미국시장에서 선전을 거듭하는 요인은 끊임없이 고객을 생각하는 마음에서 시작된다. 그들은 고객의 마음을 사로잡아 시장점유율을 끌어올리기 위해 잠을 자지 못할 정도로 판매에 대한 고민을 한다. 그중 하나가 자동차를 산 뒤 1년 내에 실직을 하면 차를 되사주는 '어슈어런스(assurance) 프로그램'이다. 경제 상황이 좋지 않아 자동차를 사기 전에 몇 번을 고민하는 고객들의 고통스러운 마음을 잘 대변해주는 어슈어런스 프로그램은 불황에 잔뜩 짓눌려 마케팅에 엄두를 내지 못하고 있던 GM 등 미국 빅3는 물론 도요타, 벤츠, BMW 등 쟁쟁한 선발 경쟁 회사들의 허를 찌르고 전 세계인이 현대자동차를 선택할 수 있게 만들었다.

이러한 삼성전자와 현대자동차 같은 비즈니스 모델은 대부분의 한국 기업이 1990년대 후반에 만들어 낸 새로운 사업 모델이다. 최근에 급격하게 성장하고 있는 삼성, LG전자의 LCD, PDP의 경우나 포스코의 철강 사업도 이와 유사한 비즈니스 모델이다. 한국의 우량기업들은 기본적으로 대량생산을 기반으로 하고 있으며 고객의 니즈에 부응하기 위한 현장 경영 등으로 고부가가치화를 추구하여 이익을 내는 모델인 셈이다.

사람 중심의 기업을 만들어라

삼성은 '인재와 기술을 바탕으로 최고의 제품과 서비스를 창출하고, 궁극적으로는 인류 사회에 공헌한다'라는 기업 이념을 가지고 있다. 기업의 일차적 목표는 이윤을 창출하는 것이며, 건실한 경영을 통한 이윤 창출은 기업이 지속적으로 발전하면서 사회에 공헌할 수 있는 전제 조건이다. 삼성은 이러한 기업 본래의 목적과 책임도 완수했다. 삼성의 역사를 살펴보면 '시대가 요구하고 사회가 필요로 하는 사업을 찾고 도전하는 것'이 삼성이 가장 중점을 두고 펼쳤던 경영전략이라는 것을 알 수 있다.

목적을 정한 후 그 길을 제대로 걷는 것에 충실하지 못하면 올바른 길로 가지 못하고 중간에 다른 길로 빠져버리기 십상이다. 삼성은 뚜렷한 목적을 가지고 있었다. '인재를 가장 중요하게 생각하고 키워나가는 기업'이 되어야 목적을 실현할 수 있다는 판단을 하고 그대로 실천했다. 그 결과, 대외적으로도 인재와 기술을 바탕으로 최고의 제품과 서비스를 창출해 인류 사회에 공헌한다는 기업 이미지를 갖게 되었다. 삼성은 국제 사회인으로서의 사명 의식과 자신의 능력을 최대로 발휘하여 미래를 개척하고 인류의 발전에 기여하는 창의적이고 상호 교류가 가능한 인재 창출을 제1의 경영철학으로 내세우며 목적에 충실한 기업의 길을 향해 열심히 걸어가고 있다.

삼성전자는 이러한 인재 양성을 통해 인류의 행복과 풍요로운 삶을 실현해 나갈 수 있는 참다운 기술을 발전시켜 인재와 첨단 기술력의 조화로운 운용을 통한 책임 경영을 실천하고 있다. 삼성에서 실행되는 모든 기업 활동은 '사회와 인류의 공동 번영을 위해 전개되어야 한다'라고 생각하며, 실제로 이를 실천하기 위해 최선을 다하고 있다. 그것이 바로 삼성의 힘이다. 수많은 기업이 탄생하고 사라지기를 반복했지만 삼성은 꾸준히 성장해 우량기업의 위치에 올라섰다. 2등에서 1등으로, 국내에서 세계로, 일류에서 초일류로 끊임없이 발전해온 최고 지향의 역사다. 삼성이 안주하지 않고 끊임없이 변화와 혁신을 추구할 수 있었던 까닭은 '인재와 기술을 바탕으로 최고의 제품과 서비스를 창출하고, 궁극적으로 인류 사회에 공헌한다'라는 삼성의 경영 목적이 있었기 때문이다. 그 목적이 삼성을 우량기업으로 이끈 것이다.

목적을 잊지 않게 만들기 위해 이건희 전 회장은 직접 '삼성헌법'이라는 것을 작성했다. 삼성에 입사를 하면 가장 먼저 익혀야 하는 것이 바로 이 '삼성헌법'이다. 이 안에는 삼성인이라면 갖춰야 할 인간미, 도덕성, 에티켓, 예의범절과 같은 행동 강령이 두루 포함되어 있다. 특히 새로 진급한 신규 임원들은 고급관리자로서의 행동 강령은 물론 그룹의 비전과 목표에 대해 심층교육을 받게 된다. 삼성헌법을 통해 이건희 전 회장은 이렇게 말했다.

"인간성을 회복하지 못하면 무엇을 해내도 소용없다. 1조 원의 이익을 낸다 해도 나는 반갑지 않다. 인간미와 도덕성이 결여된 조직은 결코 일류기업이 될 수 없다."

기업 문화도 업그레이드하라

기술이든 마케팅이든 모든 것을 끊임없이 업그레이드해야 한다. 이런 초경쟁 시대에 가만히 있는 것은 정지해 있는 것이 아니라 뒤로 물러나는 것과 같다. 삼성도 경제위기를 극복하는 일과 세계 1등 상품을 개발하는 일을 병행해오면서 기업 문화가 조금 더 업그레이드되었다. 기업 문화 측면에서 창의와 도전을 주문하고 있기 때문이다. 2007년 이후부터는 조금 더 창의적인 아이디어를 창출하고, 철저한 실행전략을 구현할 수 있는 새로운 기업 문화를 만들어왔다. CEO와 임원은 5년, 10년 후를 내다보는 통찰력과 체질, 구조를 비롯한 사고방식을 모두 바꿔 변화를 선도하는 능력을 갖추어야 한다. 또한 연구 개발 영역에서는 남다른 아이디어를 통해 세계적인 명품을 개발해야 한다. 모든 역량을 투입해 경쟁사보다 먼저 신제품을 상품화하고 가장 먼저 신시장을 창출해야 한다. 또한 과거에는 가치를 팔았다면 앞으로는 철학과 문화를 파는 마케팅을 한다는 생각으로 능력을 업그레이드시키는 자세가 필요하다. 지금까지 말한 모든 분야에서 새로운 기업 문화를 만들기 위한 삼성인의 새로운 지혜와 행동을 담은 33가지의 행동양식은 다음과 같다.

삼성의 신(新)지행 33훈

1 우리가 지금 어디에 서 있는지, 어디로 가는지 파악하라

2 5년, 10년 후를 내다보아라

3 체질, 구조, 사고방식 등을 모두 바꿔라

4 사업의 개념 파악 여부에 따라 성패가 좌우됨을 기억하라

5 버릴 건 버리고, 시작할 건 빨리 시작하라

6 모든 제품과 서비스는 세계 1등을 목표로 하라

7 21세기에 맞는 경영 구조와 시스템을 구축하라

8 단지 복합화로 효율을 증대하라

9 미래를 위해 가장 먼저 해야 할 일은 인재 확보임을 명심하라

4부

한국 우량기업을 만들어 낸
'K-웨이' 스타일

K-웨이 스타일 경영방식

10년마다 진화해온 경영방식

지금으로부터 불과 15년 전인 1990년대 중반, IMF 사태가 오기 전까지만 해도 국내 재계 순위는 현대, 삼성, 대우 순이었다. 하지만 IMF 외환위기를 겪으면서 전에 없던 지각변동이 일어났다. 그 시간은 기본이 튼튼한 우량기업과 그렇지 않은 기업들의 수준 차이가 벌어지는 계기가 되었다. 현대그룹은 부실 책임론과 경영권 분쟁으로 그룹이 분할되는 위기를 겪어야 했고, 대우는 최악의 상황으로 치달아 그룹이 해체되는 상황을 맞아야 했다. 하지만 삼성은 위기에 올바르게 대처하여 IMF를 오히려 성장의 기반으로 삼았다.

그렇다면 다른 기업에게서는 찾아볼 수 없는 삼성의 어떤 요인이 성장의 원동력이 되었을까. 삼성은 늘 미래를 준비했다. 현재 좋은 성과를 거두고 있다 해도 언제 닥칠지 모를 위기를 생각하며 늘 준비경영을 유지했다. 삼성의 준비경영이 IMF 외환위기가 오기 전에 자연스럽게 체질 개선에 들어갈 수 있도록 조직 문화를 만든 것이다. 이건희 전 회장은 전과 다른 큰 위기를 직감하고 강력한 구조조정을 통해 기존의 삼성그룹에시 4개의 소그룹을 분할하고 독립시켰다. 신세계백화점을 중심으로 한 신세계그룹, 제일제당을 중심으로 한 CJ그룹, 전주제지를 중심으로 한 한솔그룹, 제일합섬을 중심으로 한 새한그룹이 바로 그것이다. 독립된 4개의 그룹 중 새한그룹은 얼마 지나지 않아 무너졌지만 나머지 3개 그룹은 IMF 위기를 극복했다. 만약 구조조정을 시행하지 않고, 그대로 IMF를 맞이했다면 삼성은 어떻게 되었을까? 정확하게 예견할 순 없지만 삼성 내의 기업들이 지금처럼 건실한 기업으로 성장하기란 쉽지 않았을 것이다. 삼성의 구조조정은 그 후에도 계속되었다. 침체되어 있던 전자 계열과 금융계열을 살리고 자동차와 유통 부문을 잘라내는 강력한 구조조정을 시행했다.

한국 우량기업의 내면을 들여다보면 경영 기법의 변천과정을 한눈에 읽을 수 있다. 지난 30~40년 동안 일본식과 미국식 그리고 새로운 경영방식이 그 안에 녹아 있다. 한국 우량기업의 지난 몇십

년 동안의 도전과정을 크게 4단계로 나누어볼 수 있다.

초기 경영 – 국산화(1938~1969년)

1940년대부터 1950년대까지 우리나라의 가장 시급한 과제는 가난과 질병을 극복하고 자립경제의 틀을 확립하는 것이었다. 고 이병철 회장은 수입 대체 산업으로 설탕과 의류 같은 생필품을 생산하는 제조업을 선택했다. 얼마 후에는 제일제당을 설립해 설탕을 국산화했고, 의류기업인 제일모직을 설립해 국민의 의복 문화를 개선했다. 1960년대에 접어들면서 삼성은 한국의 대표적인 기업으로 성장할 수 있는 기반을 다졌다. 대미 차관교섭단 단장으로 선정된 고 이병철 회장은 미국을 방문하여 기업 투자유치를 위해 열심히 뛰었다. 이 시기에 삼성은 기본적인 기업의 형태를 갖출 수 있었고, 그것은 고스란히 성장의 원동력이 되었다. 경영 방법에 있어서는 지금처럼 부문별로 사장이 있는 다수 사장제가 아닌 리더 1인에 의존하여 모든 부문을 관리하는 초기 경영 형태를 실시했다.

일본식 경영(1970~1989년)

삼성은 수입 대체 산업에서 어느 정도 체계를 잡은 후 본격적으로 제조업을 발전시키기 시작했다. 경영방식에 있어서는 일본의 제조 업체들을 벤치마킹했다. 또한 전자 사업을 선택하고 기술력을 확보하기 위해 전력을 다했다. 그래서 한국에는 없던 선진 제조설비를 갖추는 한편, 품질 개선과 기술 개발을 위해 노력하는 일본식 경영방식을 적극 도입했다. 고 이병철 회장은 현장 중시 경영을 실시했다. 탁상경영이 관행이던 당시의 기업 풍토를 깨고 '현장을 모르고서는 경영을 할 수 없다'라는 소신을 피력했고, 본인이 직접 현장을 누비며 살아 있는 현장의 경험으로 기업을 키워나갔다.

1980년대에 이르자 삼성은 가전 산업은 그대로 유지하고 항공과 반도체 등 첨단 산업에 과감히 진출했다. 이 시기에 고 이병철 회장은 일본의 도요타, 미쓰비시, NEC 등을 벤치마팅한 경영 기법을 도입했고 실제 NEC, 산요 등과 합작회사를 만들어 운영했다.

미국식 경영(1990~1999년)

이건희 부회장이 삼성의 회장으로 취임하면서 본격적으로 미국식 경영 기법이 도입되고 글로벌 스탠더드 경영방식을 채택하게 되었다. 1990년 초 삼성은 국가 간, 기업 간 무한경쟁 시대에 돌입했다는 것을 감지하고 기업의 경영 혁신운동을 실시하며 위기의식을 고취시켰다. 이에 이건희 전 회장은 1993년에 질 중심 경영으로의 전환이라 할 수 있는 '신경영'을 천명했다. 변화와 혁신을 강조한 이건희 전 회장의 신경영은 발상의 전환이자 당시에는 전혀 볼 수 없던 새로운 경영 패러다임이었다. 삼성은 신경영을 기폭제로 삼아 기존의 관행과 기업 문화를 바꿔 기술력 증진과 인간미가 넘치는 조직 분위기를 만들어갔다.

1990년대 중반, 삼성은 리딩 디지털 프론티어 기업으로서의 이미지를 확보하며 글로벌 기업의 기초를 다져나갔다. 디지털과 인터넷 기술로 집약되는 광속 정보화 사회에 대비하며 이를 이끌어 나갈 '디지털 기업'으로 성장했다. 이 시기에 삼성은 '세계 최초'라는 타이틀의 각종 제품을 출시했다. 16메가 D램 신제품, 64메가 D램, 128메가 S램, 128메가 싱크로너스 D램, 신규격 TV 명품 플러스원, MP3 플레이어 휴대폰 등 최첨단 제품을 세계시장에 내놓은 후 큰 인기를 얻었다. 일본식 경영에 영향을 받았던 과거와 달리 이 시기에는 주로 미국의 GE, IBM 등을 벤치마킹하였으며 GE, IBM, HP와 합작회사를 설립·운영하며 미국식 경영에 많은 영향을 받았다.

K-웨이 경영(2000년~)

이건희 전 회장은 2006년에 미국, 유럽, 중동 등 해외 경영 현장을 둘러보았다. 그때 그는 "삼성만의 독특하고 차별화된 경쟁력을 확보해야 한다"라고 말하며 창조경영을 제시했다. 새로운 가치를 창조하는 '창조경영만이 디지털 무한 경쟁시대를 선점할 수 있다'는 주장이었다. 지금까지의 고루한 사고가 아닌 창의적인 사고와 혁신을 기업 문화로 한 변혁이 이루어졌다.

그동안 일본식 경영과 미국식 경영을 거치며 2000년대에 들어선 한국은 뭐라 정의할 수 없는 경영방식을 만들어나갔다. 필자는 그것을 'K-웨이'라고 부른다. 이제 한국의 우량기업들은 어느 나라

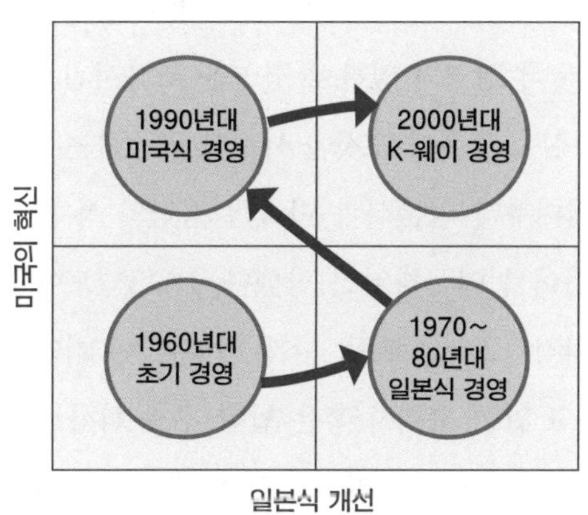

의 경영방식을 따라하는 것이 아닌 한국만의 경영방식으로 기업을 이끌어 나가고 있다. 주로 삼성을 예로 들었지만 LG, SK, 현대자동차, 포스코도 비슷한 과정을 거치며 진화했다.

Z 이론의 발견

톰 피터스가 《초우량기업의 조건》이라는 책을 발간하기 1년 전인 1981년, 캘리포니아대학의 윌리엄 오우치 교수가 《Z 이론》이라는 책을 출간했다. 필자는 그 어떤 책보다 이 책이 우량기업의 연구에 대한 최초의 책이라고 생각한다. 톰 피터스나 짐 콜린스는 과거의 경영 실적을 분석하여 우량기업을 선정하고 그들의 우수성에 대해 연구했다. 그러나 오우치 교수의 연구 방법은 그들과는 조금 달랐다. 그는 '미국식 경영와 일본식 경영을 조화시킨 경영방식이 우수하다'라는 가설을 세우고 그것을 사례로 입증하는 방식을 택했다.

그는 1970년대부터 일본식과 미국식 경영의 특징, 각각의 경영기법에 대한 차이를 연구하기 시작했다. 1973년도에는 일본과 미국의 기업을 각각 12개씩 모두 24개 기업과 이 기업들이 상대 국가에서 운영하고 있는 자회사 혹은 합작 투자 회사 24개를 추가해 총 48개의 기업을 대상으로 연구를 진행했다. 오우치 교수가 특히 주목한 것은 미국 내에서 활동하고 있는 일본 기업이었다. 그는 '일본 기업들이 미국 내의 전형적인 미국 기업이나 일본에 진출한 미국 기업에 비해 월등히 높은 생산성을 보여주고 있다는 점'에 주목했다.

또한 미국 기업 가운데에서도 일본 기업의 조직 및 경영상의 특징을 공유하고 있는 기업들인 IBM, HP, P&G 등의 경영 성과에 주목했다. 오우치 교수는 일본식 경영방식이 일본이 아닌 미국 내에서 실행될 때 더 높은 성과를 드러내고 있음을 발견하고 미국 내에서 일본 기업의 경영 기법을 공유하고 있는 미국의 기업조직을 'Z 타입조직'으로 명명했다. 오우치 교수는 Z 타입 기업조직의 특성을 설명하기 위해 미국식 기업(A 타입)과 이와 대조적인 일본식 기업(J 타입)의 특징을 분석했다. 이는 맥그리거의 'XY이론'을 경영방식 면에서 발전시킨 이론으로서 X, Y 다음의 알파벳이 'Z'였기 때문에 'Z

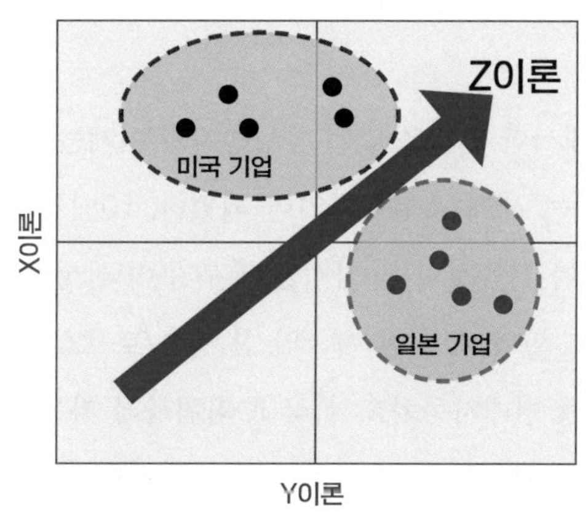

타입조직'이라고 이름을 지었다고 설명했다.

그는 미국식이든 일본식이든 각각의 경영방식에 장단점은 있지만 뛰어난 경영 성과를 보이는 기업일수록 순수한 A 타입 기업보다는 J 타입, 즉 일본식 경영을 도입한 기업이 더 많다고 주장했다. 이를 'Z 타입'이라 정의했으며 이에 해당하는 기업은 장기적 고용 관계, 원만한 능력 평가와 승진 제도, 순환근무제, 직원들의 능력개발을 위한 투자, 구성원 간의 활발한 의사소통과 협력적 노력의 강조, 단기 수익성보다는 고객 중심의 경영 원칙 등의 특징을 가지고 있다고 덧붙였다. 오우치 교수는 그 연구의 결과물인 《Z 이론》에서 '미국 내에서 일본식 경영을 하는 Z 타입의 기업이 생산성을 높이는 가장 바람직한 경영 모델'이라고 제시했다.

우수성으로 가는 길, K-웨이

　국내 기업에서만 인정을 받던 삼성전자가 이제는 순이익 100억 달러를 기록하는 세계 초일류기업이 되었다. 10년 전 삼성전자를 한 수 아래로 여겼던 소니도 '삼성을 배우자'며 삼성전자 벤치마킹에 열을 올리고 있다. 6년 전 미국의 한 방송 토크쇼에서 조롱거리가 되기도 했던 현대자동차도 미국 JD파워사의 자동차 초기 품질 지수에서 2위를 차지하며 세계 유수의 자동차들과 어깨를 나란히 하고 있다. 이 때문에 해외 언론들은 '현대자동차의 행보가 자동차 업계의 판도를 바꾸고 있다'라며 주목하고 있다. 이뿐만이 아니다. LG전자는 세계 경제계의 떠오르는 시장인 중국과 인도에서 가장 현지화에 성공한 기업으로 꼽히며 일본제품보다 비싸게 팔리면서도 판매량에서 앞서고 있다. 일본식도 미국식도 아닌 '한국식 경영'으로 한국의 우량기업이 세계에서 과거에는 없던 선전을 하고 있다.

　불과 20여 년 전만 해도 삼성전자나 LG전자가 국내를 뛰어넘어 초일류 세계적 기업으로 성장할 것이라 예견한 사람은 아무도 없었다. 하지만 이제 한국의 우량기업들은 더 이상 20년 전의 그 수준을 가진 기업이 아니다. TV, 반도체, 휴대폰 등의 첨단 분야에서 세계 1, 2위를 다투고 있고 세계 곳곳에 삼성이나 LG의 브랜드가 뿌리내리지 않은 곳이 없으며 세계인 모두가 삼성과 LG의 제품을 가지고 싶어 한다.

짧은 기간에 국내를 초월해 세계적 기업으로 성장한 데에는 분명 이유가 있다. 일본 기업과 미국 기업들의 견제를 따돌리고 초일류기업으로 성장하기까지 삼성, LG, SK, 현대자동차, 포스코 등 한국 우량기업들의 노력이 없었다면 불가능했을 일이다.

그렇다면 과연 대표적인 기술 산업이라고 할 수 있는 전자와 IT 산업 분야에서 선발주자인 미국과 일본 기업들을 어떻게 추월할 수 있었을까? 그 힘은 과연 어디에서 나온 것일까? 객관적인 통찰을 위한 격언으로 자주 비유되는 게 '나무'와 '숲'을 보는 안목이나. '숲 속에 있는 사람은 나무는 볼 수 있지만 전체적인 숲의 모습을 볼 수 없고, 숲에서 멀리 떨어진 사람은 숲의 전체적인 모습은 볼 수 있지만 나무를 제대로 볼 수 없다. 약간은 평범하지만 이처럼 적절한 예는 없을 것이다.

삼성에서 근무했을 때 필자는 삼성 안에서 '삼성이라는 나무'를 바라보았고, 퇴직 후 20여 년 동안은 삼성과는 조금 멀리 떨어져서 '한국 기업이라는 숲'을 보았다. 필자는 자연스럽게 내부와 외부에서 삼성의 변화와 발전을 직간접적으로 경험할 수 있었다. 필자가 직접 삼성에 근무할 때는 느끼지 못했던 장단점을 외부에서 알게 되었고, 이젠 30년 동안의 변화과정을 지켜보면서 과거에는 보지 못한 것들이 새롭게 인식되고 있다.

그래서 필자가 가진 지식을 이용해 삼성의 경영방식에 대해 정의하고 각각의 요인이 글로벌 경쟁을 갖추는 데 어떤 영향을 끼쳤는지 연구해보기로 했다. 먼저 삼성의 특징과 차별점이 무엇인지 파헤치기로 했다. 이것은 필자가 반드시 풀어야 할 숙제, 혹은 운명이라 생각했다. 필자는 삼성의 성장원동력을 경영학적 이론의 틀로써 설명하고 싶었다. 이를 위해서는 우선 삼성의 경영방식을 대변할 수 있는 경영이론이 무엇인지 찾아야 했다. 그러한 생각이 미치자 1982년에 삼성전자에서 근무할 당시 미국 연수를 다녀와 만든 연수보고서 내용이 생각났다. 미국의 휴렛팩커드(HP)사에 컴퓨터 관련 연수를 다녀와 작성한 연수보고서였다.

나는 연수 중 UCLA의 오우치 교수가 집필한 《Z 이론》이라는 책을 보게 되었다. 이 책의 핵심은 '미국 내에서 일본식으로 경영하는 회사의 경쟁력이 높다는 것'이었다. 'Z 이론'을 실천하는 대표적인 회사는 바로 'HP'였다. 나는 책을 읽으며 생각했다. 미국식 경영과 일본식 경영을 조화시킬 수 있는 나라는 바로 한국이 아닐까? 한국 기업에는 Z 이론을 발전시킨 'K-웨이'가 성립 가능하다고 생각했다. 삼성도 K-웨이 경영을 펼친다면 세계적인 회사가 될 수 있을 것이다.

연수보고서를 읽고 나서 필자는 오우치 교수가 만든 《Z 이론》에서 이야기한 내용이 그동안 국내 기업에 실행되었는지를 하나하나 점검했다. 오우치 교수는 미국 내에서 일본식 경영을 하는 기업을

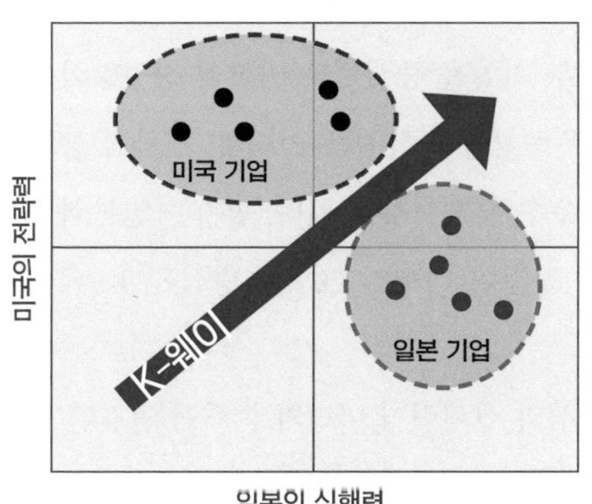

통해 답을 찾았지만 필자는 그 반대의 경우도 가능하다고 생각했다. 1980년대까지만 해도 국내 기업들은 주로 일본식 경영 기법을 시행했다. 하지만 1990년대에는 미국식 경영을 접목했다. 국내 우량 기업들은 미국식 경영의 장점인 '전략력'과 일본식 경영의 장점인 '실행력'을 갖춘 새로운 경영방식을 만들어내며 한국만의 경영방식을 구축했다. 오우치 교수가 X 이론과 Y 이론에서 Z 이론을 따왔다면 필자는 미국의 A-웨이와 일본의 J-웨이를 조화시킨 한국의 'K-웨이'라는 의미를 부여하기로 했다.

미국 기업은 새로운 것을 만들어내고 리더의 전략적인 변화를 꾀하는 능력이 우수하다. 반면 인간적인 측면에서 소홀하고 실무자의 실행력이 떨어진다. 반대로 일본 기업은 기존에 있는 것들을 개선하고 실행하는 능력은 우수하나 전략적인 변화와 리더십이 약하다.

국내 기업들은 1970~80년대에는 주로 일본식 경영방식을, 1990년대부터는 일부 기업을 중심으로 미국식 경영방식을 채택해 시행하였다. 한국 우량기업의 특징은 리더의 '전략적 능력'과 실무자들의 '실행력'이 우수하다는 것에 있다. 필자는 일본식 경영의 장점과 미국식 경영의 장점이 더해진 그 경영방식을 'K-웨이' 경영방식이라 부른다.

전략적 리더십과 실행력이 머리와 손처럼 연결된 조직을 갖는 것이 경영자의 소망이겠지만 이것은 사람, 조직, 문화가 하나가 되어야 이루어질 수 있는 쉽지 않은 과제다. 더구나 새로운 경영방식을 도입한다는 것은 일시적인 노력으로 가능한 것이 아니다. 회사의 역사만큼 쌓인 문화와 시스템을 바꾸는 일은 시간은 물론, 이를 강력하게 밀고 나갈 리더십 없이는 불가능한 일이다. 삼성이 일본식 경영방식에 미국식 경영방식을 적절히 조화시킬 수 있었던 이면에는 이건희 전 회장이라는 강력한 리더의 영향이 컸다.

한국 우량기업의 창업자들은 일본과의 교류가 많았다. 삼성의 설립자인 고 이병철 회장은 일본에서 교육을 받았기 때문에 대부분의 사업을 일본 기업과 협력하여 진행했다. 하지만 대부분의 2세들은 미국에서 교육을 받았기에 일본식이 아닌 미국식 경영방식을 도입했고, 자연스럽게 일본 기업보다는 미국 기업과 협력을 했다. 삼성의 2세인 이건희 전 회장도 미국에서 대학원을 다녔고 GE, HP 등과 합작회사를 만들며 미국식 경영 기법을 도입했다.

마국식과 일본식의 강점을 결합한 K-웨이

소니의 설립자인 아키오 모리다는 "최고의 경영방식은 일본식과 미국식을 결합한 것"이라고 말했다. 하이브리드(Hybrid) 자동차가 가솔린과 다른 에너지를 믹스해서 사용하듯 경영에서도 미국식과 일본식을 믹스한 하이브리드 방식이 최고의 경영방식이라는 뜻이다.

일본식 경영은 기업이 인간중심적인 경영을 펼치기 때문에 직원들이 회사를 신뢰한다. 또한 회사를 자기완성의 장(場)으로 생각하고 평생직장이라고 여겨 성실하게 근무한다. 직원들이 회사의 어려움을 극복하기 위해 노력하고 내일을 위해 오늘을 희생할 줄도 안다. 그러나 평생직장이라는 보장이 있다고 생각하기 때문에 결과물, 즉 업적을 올리기 위한 혁신적인 노력이 부족하고, 관리 시스템이 느슨하여 자칫 무사안일주의로 흐를 수 있다는 단점을 가지고 있다.

반면 미국식 경영은 결과물을 중시하는 성과 중심적인 성향이 강하다. 희생보다는 목표를 중시하고 성과를 올리기 위해 모든 비효율적인 요소들을 과감하게 제거한다. 단기 업적을 올리고 능력 위주로 직원을 관리할 수 있는 장점이 있는 반면, 직원들의 소속감이 결여되고 이해관계에 조금만 맞지 않아도 쉽게 이직한다는 단점이 있다. 따라서 '평생직장보다는 자신의 이력을 위해 잠시 머문다'라는 생각과 개인의 가치, 혹은 미래의 능력개발보다는 '현재의 능력을 최대한 이용한다'라는 생각을 가지게 만든다. 그렇기 때문에 직원들 또한 자신의 성과와 관련되지 않은 일에는 전혀 관심이 없다. 따라서 경영자도 중장기적인 비전으로 투자하고 준비하기보다는 단기적 업적을 올릴 수 있는 쪽에 치우치는 경향이 있다.

미국식과 차별화된 일본식 기업조직(J-웨이)의 가장 큰 특징은 종신고용에 있다. 종신고용제도는 능력이나 성과와 무관하게 일률적으로 보너스가 지급되는 상여금 제도를 취하고 있다. 이는 구성원들의 회사에 대한 일체감과 상호 협동, 충성심, 자발적인 헌신을 유도한다.

일본식과 미국식의 경영

일본식 경영 (J-웨이)	미국식 경영 (A-웨이)
· 종신고용	· 단기 고용
· 완만한 능력 평가 및 승진	· 급속한 능력 평가 및 승진
· 포괄적인 업무 숙달 및 비전문성의 경력 계획	· 업무능력의 전문성 및 특수성의 경력 계획
· 경영통제 구조의 내재성	· 경영통제 구조의 현재성
· 집단적인 의사결정	· 개인적인 의사결정
· 집단적인 책임 부담	· 개인적인 책임 부담
· 노사 관계의 통합적인 결합	· 노사 관계의 부분적 결합

반면 미국식 기업(A-웨이)의 종사자들은 일생 동안 평균적으로 3~4번 이상 직장을 옮기기 때문에 평생직장의 개념이 희박하다. 실제로 일본에 비해 미국 기업 종사자들의 이직률(하위직의 경우 50~90%, 경영층의 경우 25% 이상으로 일본의 4~8배 수준)이 높다. 때문에 전형적인 미국 기업에서는 상대적으로 구성원의 회사에 대한 강한 귀속감이나 충성심이 떨어진다.

의사결정에 있어 일본 기업은 구성원의 공동 참여를 유도한다. 일단 조직 단위별로 나눈 다음 그 결정에 영향을 받은 집단 구성원 전체가 의사결정 과정에 참여하는 방식이다. 의사결정 과정은 정보 소통 및 정보 공유 과정을 통해 가능하다. 특히 상급자와 하급자의 의사결정은 공동 책임으로 분담이 이루어진다. 반면 미국 기업은 명확하고 구체적인 목표설정, 목표관리, 계획, 평가, 손익 분석 등의 통제 장치를 만들어 조직을 관리한다. 의사결정에 있어서도 조직의 장이나 책임자가 의사결정권을 단독으로 행사하고, 그 책임도 혼자서 짊어진다.

K-웨이의 '7S'

전략(Strategy)

앞서 말했듯 미국식 경영은 전략적인 의사결정력이 우수하고 일본식 경영은 전술적 실행력이 우수하다. 미국식 경영은 경영자와 스태프들이 전략을 짜고 작업자가 실행을 하는 체제다. 전략적 의사결정에는 소수의 인력이 참여하고, 의사결정 사항은 상부에서 밑으로 내려가는 프로세스를 취한다. 때문에 실무자들은 목표관리에 의해 정해진 매뉴얼대로 작업을 하고 문제가 발생하면 스태프 부서로 넘기거나 상부로 보고하는 스타일이다. 이런 방식은 강자가 단기적으로 업적을 이끌어내기 위해서는 효과적일 수 있으나 상대적으로 빈번하게 문제가 발생하는 약자 기업에게는 부적절할 수 있다.

경영자와 작업자 사이의 의사결정은 미국식보다 일본식 경영방식이 더 효율적이다. 보편적으로 일본식 경영방식은 합의에 의한 의사결정을 하기 때문에 경영자의 독단적인 결정보다는 현업의 상황을 감안한 합리적인 의사결정을 중시한다. 작업자도 작업과정에서 생긴 문제에 대해 상부로 보고하는 것에 그치는 것이 아니라 스스로 문제를 찾아 해결하려는 자발적인 노력을 한다. 따라서 일본식 경영은 전략적으로 부족한 부분이 있지만 전술적으로는 참여도가 높다는 장점이 있다.

일본식 경영(전략)

- 장기 지향적
- 합의에 의한 집단 의사결정
- 의사결정 준비: 시행에 다수가 참여

- 밑으로부터 시작되어 위로 갔다가 다시 되돌아가는 의사결정의
  흐름
- 완만한 의사결정: 신속한 집행

미국식 경영(전략)
- 일차적으로 단기 지향적
- 전략적 의사결정
- 의사결정에 소수 참여: 다양한 가치관을 가진 사람들에게 의사결
  정을 설득
- 의사결정은 상부에서 시작하여 밑으로 흐름
- 신속한 의사결정: 타협을 필요로 하며 종종 차선의 의사결정을 하
  는 결과 초래

K-웨이 기업의 특징으로 '경영자와 작업자의 커뮤니케이션이 원
활하다'라는 것을 들 수 있다. 경영자가 전략적 의사결정을 할 때
중장기적인 상황을 고려하여 의사결정을 하는 것이 충분히 전달된
다. 작업자들도 정해진 업무를 수행하는 과정에서 문제가 발생하면
자신의 판단에 의해 빠르게 해결을 하는 능력을 갖추고 있다.

전략적 의사결정의 부분에 있어 K-웨이는 미국식 방식을 따르고
있으나, 단기 업적보다는 중장기적인 비전에 의해 이루어진다는 차
이점이 있다. 또한 전략적 의사결정이 회사의 철학과 비전에 의해

서 이루어졌음을 작업자에게 충분히 설명하기 때문에 쓸데없는 오해가 생기지 않고 빠르게 일을 처리할 수 있다. 실행 전술적인 사항은 현업의 리더들에게 위임되어 있으며 관리자들은 실무적인 문제들을 자율적으로 처리하는 방식을 취하고 있다.

기술 (Skill)

일본식 경영은 기초 기술 개발과 높은 품질을 중요하게 생각한다. 기술자들도 장인정신에 입각하여 아무리 쉬운 기술이라도 집념을 가지고 그 분야에서 최고가 되는 것을 추구하는 자세를 가지고 있다. 따라서 전통적으로 제조업이 강하며 그중에서도 소재 산업과 작은 부품 산업이 광범위하게 발달되어 있다. 또한 한 가지 전문화된 기술에 설비 투자를 하여 지속적으로 기술 개발을 하는 방식을 취하고 있다. 기술자들은 아날로그 기술에 익숙해져 있으며 머릿속에 평생직장이라는 개념이 인식되어 있어 한 직장에서 한 가지 업무를 맡고, 긴 세월을 근무함으로써 기술 수준을 높여 나간다. 따라서 일본식 경영은 아날로그 산업에서 기술 변화가 빠르지 않은 분야에서는 세계 최고 수준을 유지할 수 있지만 기술 변화가 빠른 디지털 산업에서는 변화 대응력이 떨어지는 단점이 있다.

미국식 경영은 첨단 산업의 기술 개발과 시장 지향적인 상품 개발에 뛰어난 능력을 가지고 있다. 제조업체들이 생산 설비 투자를 최소화하기 위해 생산은 외주를 주는 방식을 취한다. 덩치를 키우지 않고 몸을 가볍게 하기 때문에 새로운 기술 개발에 발 빠르게 도전할 수 있는 자금과 스피드를 가질 수 있다. 기술자들은 일본처럼 한 직장에서 오래 근무하기보다는 자신의 조건에 맞는 곳으로 자주 옮겨 다니며 성과를 추구한다. 따라서 전체적으로 기술 이전의 효과가 높아져 기술 진화의 사이클이 짧다.

일본식 경영(기술)

- 내부에서 기술 개발
- 기초 기술에 주력
- 생산 기술 중시
- 생산 설비 투자
- 기술자의 이동이 적음

미국식 경영(기술)

- 상품화 기술 개발
- 첨단 기술에 주력
- 응용 기술 중시
- 생산은 외주
- 기술자의 잦은 이동

K-웨이 기업은 생산 기술 면에서는 일본식 기업의 형태를 띠고

있지만 기술 개발 면에서는 미국식 기업 형태를 취하며 상호보완하고 있다. 기술 인력의 이동은 적지만 자체 기술 개발에 적극적으로 투자하는 형태다. 디지털 기술 중에서 대규모의 생산 투자가 요구되는 산업에서는 K-웨이 기업의 기술 개발 형태가 절대적으로 유리하다. K-웨이 기업은 IT와 자동차를 비롯하여 첨단 기술 산업 분야에서 K-웨이의 기술 개발과 생산 형태를 취하고 있다. K-웨이가 일반 소비재 판매나 유통 산업에서는 위력이 약했지만 첨단 기술 산업에서는 세계 일류가 될 수 있었던 것도 기술 중시의 K-웨이 경영방식이 유효했다고 평가할 수 있다.

구조 (Structure)

서양 사람들이 이해하기 힘든 일본인들의 특징 중 하나는 집단적인 가치 기준과 공동체적인 책임 의식이 강하다는 것이다. 서양 사람들의 의식으로 판단하면 집단주의는 개체성의 상실을 뜻하며 다른 사람과 견해를 달리하고 다른 가치관을 가질 수 있는 자유가 박탈되는 것이다. 그럼에도 불구하고 일본의 집단주의는 경제활동에서 매우 능률적으로 운영되고 있다. 집단주의로 인해 사람들은 서로 협력하면서 분발하기 때문에 생산성에서 긍정적인 영향을 준다.

반면 미국식 개인주의도 성과를 내기 위해 상호 간에 끊임없는 대립을 만들기 때문에 서로가 경쟁을 하며 조직이 발전해 나가는 장점을 가지고 있다. 산업활동에서 상호 대립이 격화되면서 내부적으로 적대적인 관계에 놓일 수도 있다. 미국식 경영구조는 개인의 책임과 의무를 명확히 하고, 목표에 의해 관리하는 효율적인 구조를 택하고 있다.

일본식 경영(구조)

- 연대 책임과 의무
- 의사결정 책임의 모호성
- 비공식적 조직 구조
- 잘 알려진 공통 조직 문화 및 철학
- 타 기업에 대한 경쟁심

미국식 경영(구조)

- 개인적 책임과 의무
- 명확하고 구체적인 의사결정 책임
- 매트릭스 조직 구조
- 공동 조직 문화 결여
- 기업보다는 직업에 대한 일체감

그러나 미국식 개인주의가 지나치게 강조되면 공동 조직 문화가 결여되고, 기업보다는 개인의 가치가 우선시되기 때문에 조직에 대한 소속감이나 충성도가 떨어질 수 있다는 단점이 있다. 반면 일본식 경영은 연대 책임과 공동 의무를 가지고 회사의 공동목표를 위해 인내하고 협력할 수 있다.

K-웨이 기업은 집단주의적 문화를 가지고 있으면서도 개인의 책임과 의무를 강조하는 이상적인 구조를 채택하고 있다. 조직 구조상으로는 피라미드 형태를 보이고 있지만 내부 운영에 있어서는 팀 제도나 목표 관리 제도를 운영함으로써 개인의 책임을 강조하고 있다. 또한 K-웨이는 자율성이 최대한 부여된 네트워크형 조직처럼 운영되고 있다. 피라미드 조직의 단점인 기능 간의 벽과 계층 간의 격차를 줄이기 위해 프로세스를 혁신했다. 이로써 업무의 흐름을 간결하게 만들었으며 IT 시스템의 구축으로 정보의 흐름을 빠르게 할 수 있었다. 조직 구조는 일본식이지만 내부 운영은 디지털화하여 미국식의 흐름을 만들어 이상적인 K-웨이 구조를 만들었다.

스타일 (Style)

일본식 경영과 미국식 경영은 리더십 스타일에서 큰 차이가 있다. 일본식 경영은 참여유도식의 의사결정을 실시한다. 참여와 합의가 이루어지면 관계자들은 이의 없이 결정에 따른다. 자연스럽게 의사결정 참여를 유도함으로써 공동체 의식이나 협동심을 함양시킬 수 있다. 하지만 합의에 의한 의사결정 방식은 책임 소재를 의도적으로 모호하게 하는 단점이 있기 때문에 서로 책임을 지지 않으려는 문화가 만들어질 수 있다. 일본식 경영의 승진 방식은 대부분 내부 승진에 의해 이루어진다. 말단에서 하나하나 단계를 밟으며 올라가야 하기 때문에 최고 경영자가 되기까지는 상당한 시간이 요구되며 확률도 거의 희박하다. 또한 조직 내부 사람들이 리더를 너무나 잘 알고 있고, 리더 또한 조직 내의 주요 보직에 있는 사람을 잘 알고 있기 때문에 발생할 수 있는 문제가 많아 더욱 힘들 수밖에 없다.

미국식 경영은 일본과 전혀 다르다. 단계를 밟아나가는 것보다 전문 경영인인 리더가 외부에서 영입되는 경우가 더 많다. 이들은 전문 경영자로서 영입되었기에 단기적으로 가시적인 성과를 보여주려고 노력한다. 미국식 경영의 리더들은 스스로 모든 일에 책임을 져야 하기 때문에 의사결정 방식 또한 일본식과 같은 합의에 의한 방식보다는 리더의 결단이 중요하다. 따라서 의사결정 내용이 직접적이고 전략적으로 우수하지만 장기적이 것보다는 단기적인 가치에 치우치기 쉽다.

일본식 경영(스타일)

- 지도자가 사회적 촉진자 및 집단의 일원으로 행동
- 가부장적 스타일
- 협조를 촉진하는 공통적 가치관
- 때로 모호함을 초래하는 대결에 대한 회피(조화 강조)
- 상향식 의사소통

미국식 경영(스타일)

- 지도자가 의사결정자 및 집단의 우두머리로 행동
- 지시적 형태(강인하고 엄격하며 단호함)
- 때때로 가치관이 다양함
- 개인 대 개인의 대결이 일반적 명확성 강조
- 일차적으로 하향적 의사소통

일본식과 미국식이 혼합된 K-웨이 기업에서는 의사결정이 합의적이고 참여적인 특징을 가지고 있다. 참여적인 의사결정 과정은 조직 내에 정보나 가치 기준을 광범위하게 확산시킨다. 합의적 의사결정 방식은 회사의 방침이 어떤 것인지를 공개적으로 밝히는 수단이 된다. K-웨이 기업에서는 집단적 의사결정을 하면서 그 결정에 대한 책임은 개인에게 돌아가도록 한다. 개인적 책임으로 돌아가기 위해서는 상호 신뢰하는 문화가 정착되어야 한다. K-웨이 기업은 전략형 위임의 리더십 스타일을 보인다. 회장이나 최상위 리더는 기업이 가야 할 방향과 그룹 전체적인 영향을 미칠 의사결정을 장기적 차원에서 결정한다. 각 회사의 전략과 운영에 대한 의사결정은 각 회사의 경영진에 위임하고 있으며 이들은 동시에 합의에 의한 의사결정을 한다.

시스템(System)

일본식 경영은 인간 중심적이기 때문에 가능하면 조직원들의 참여를 유도해 의사결정을 하고, 조직 단위별로 그 결정에 영향을 받는 집단의 구성원 전체가 다시 한 번 의사결정에 참여하는 방식을 취한다. 의사결정은 정보 소통 및 정보 공유 과정으로 가능하며 특히 상급자와 하급자 간의 의사결정에 대한 책임을 공동 분담하도록 하고 있다. 합의에 의한 의사결정은 결정의 질을 제고하는 한편 결정된 사항을 효율적으로 실행할 수 있도록 한다. 그러나 의사결정의 프로세스가 길고 복잡하기 때문에 쓸데없이 시간이 오래 걸리고 시스템화가 되지 않아 같은 일이 지루하게 반복될 수 있다.

미국 기업은 단위 부서나 조직의 책임자가 의사결정권을 행사하고 그에 따른 책임도 개인이 짊어진다. 주요 업무에 관련된 의사결정에 대한 것은 완벽하게 시스템으로 구축되어 있기 때문에 의사결정을 빠르게 할 수 있어 속도감 있게 업무를 처리할 수 있다. 반면 직원들은 단순히 그러한 시스템에 의해 움직이는 것을 반복하여 생각을 하는 인간이 아닌 마련된 시스템 안에서 움직이는 기계로 전락할 가능성이 높다. 따라서 참여도가 점점 낮아지고 장기적으로는 문제해결 능력이 떨어지게 된다.

일본식 경영(시스템)

● 동료에 의한 통제

- 집단의 업적에 초점을 두는 통제
- 체면 중시
- 광범위한 질적 통제 주기 사용
- 아날로그 방식의 인간관계
- 일본 문화 중시

미국식 경영(시스템)

- 상급자에 의한 통제
- 개인적 업적에 초점을 두는 통제
- 비난 집중
- 제한적인 질적 통제 주기 사용
- 디지털 시스템에 의한 관리
- 글로벌 스탠더드

K-웨이 기업은 미국식 시스템을 갖추고 있지만 의사결정 과정에서는 직원들의 참여를 유도하는 일본식 시스템을 활용하고 있다. 회사의 공동 목표를 설정하고 그것을 달성하기 위해 집단적인 노력을 하지만 개인의 구체적인 목표와 계획, 평가 시스템을 운영하면서 구성원들의 참여를 유도하고 의견을 개진하도록 노력한다.

또한 K-웨이 기업은 집단 업적에 초점을 두고 통제한다는 점에서 일본식 방식을 취하고 있지만 개인의 업적을 중시한다는 점에서는 미국식 방식을 선호한다. 집단 문화를 강조하지만 글로벌 스탠 더드를 추구하고 있는 것이다. 이를 디지털 IT 시스템으로 제도화 하였다. 종합해보면 한국 기업은 기본 관리 시스템은 미국식, 운영 방식은 집단성을 살린 일본식이라는 것을 알 수 있다.

인재(Staff)

일본 기업에는 다른 나라에서는 찾아볼 수 없는 아주 독특한 제 도가 있다. '종신고용'이라고 불리는 그것은 단순한 인력 운영 방침 을 뛰어넘어 생활사 전반에 걸친 일본인의 모습을 상징적으로 보여 준다. 이는 일상생활은 물론 정신까지도 통합하는 역할을 하고 있다. 일본의 대기업들은 상여금 형태로 사원에게 보상금을 지급한다. 이 때 주어지는 상여금은 회사에 대한 일체감을 느끼게 하고 가능한 여러 형태로 상호 협력을 자극하는 역할을 한다.

일본 기업의 또 다른 특성 중의 하나는 전문성을 강조하지 않는 사원 양성 방식이다. 어느 한 부분에만 정통한 것이 아니라 다양한 부분에서 능력을 발휘하기를 바라기 때문에 정년 때까지 여러 부서 를 돌게 하며 순환 근무를 시킨다. 그래서 모든 부서의 근로자들이 다른 부서의 업무 절차와 그 부서가 당면한 문제점 등을 잘 이해하 고 있다. 부서 간의 업무 조정이 필요할 때 서로에 대해 잘 알기 때 문에 상호 협력이 원활히 이루어질 수 있어 빠르게 일처리를 할 수 있으며 어떠한 문제를 해결하고자 할 때 자신이 소속된 부서보다는 회사 전체의 이익을 고려하는 넓은 시각에서 관련 부서와 협력할 수 있다.

미국에서는 어느 한 분야의 전문성으로 동일 계통의 다른 기업체에서 근무할 수 있으나 일본처럼 한 회사 안에서 여러 가지 직무를 담당하며 근무할 수는 없다. 따라서 전문성을 가질 수는 있으나 다른 부서와 소통이 원활하지 않아 일을 처리할 때 회사 전체적인 발전을 위하기보다는 자신이 소속된 부서나 자신을 위해 일을 처리하는 경향이 있다.

일본식 경영(인재)

- 갓 졸업한 젊은이 고용: 이직률 낮음

- 서열을 통한 완만한 승진

- 회사에 대한 충성

- 신입(젊은)사원에 대한 업적 평가는 드묾

- 장기 업적 평가

- 복수 기준에 근거한 승진

- 훈련이나 개발에 장기투자 고려

- 보편적인 종신고용

미국식 경영(인재)

- 타 기업에서 고용: 이직률 높음

● 신속한 승진을 기대하거나 요구

● 직업에 대한 충성

● 신입사원에 대한 잦은 업적 평가

● 단기적 결과 평가

● 개인적 업적을 우선으로 한 승진

● 훈련이나 개발에 주저함(이직에 대한 우려)

● 직업 불안감 팽배

K-웨이 기업에서는 일본 기업처럼 장기적인 고용 관계를 지속하는 경향이 있다. 업무가 복잡한 기업의 경우는 능력 평가나 승진과정도 비교적 완만하게 진행된다. 근무 형태는 일본 기업에서 나타나는 직무 간 또는 본·지점 간의 순환근무제를 주로 채택하고 있다. 이러한 제도는 기획, 생산, 유통의 여러 단계에서 긴밀한 조정을 가능하게 해준다. 또한 K-웨이 기업은 대학을 갓 졸업한 젊은이를 채용하여 회사의 철학을 공유할 수 있도록 자체적으로 양성해 오랜 시간 동안 고용 관계를 유지할 수 있는 기틀이 만들어져 있다. 전체적으로는 서열을 두고 완만한 승진 제도를 운영하고 있으며 능력 평가에 의해 특진이나 특별한 보상을 받을 수 있는 제도를 실시하고 있다. K-웨이 기업에서는 직원의 기술 교육을 철저히 시키고 있어서 직원들의 실무 수행 능력이 우수하다.

공유가치(Shared Value)

일본식 경영과 미국식 경영은 공유가치 부분에 있어서도 큰 차이를 보인다. 일본식 경영은 회사 가치와 신념 중심의 기업을 추구하기 때문에 경영철학에 대한 공유에 큰 관심을 가지고 있다. 늘 사내에서 경영철학과 신념에 대해 공유를 하여 회사의 경영방침이 갑자기 변하거나 수정될 때 직원들이 혼란에 빠지는 가능성이 적다는 장점을 가지고 있다. 반면 미국식 경영에서는 기업가치나 신념보다는 고객을 위한 가치 창조를 공유가치로 삼고 있다. 모든 기업 활동이 고객을 위한 가치 창조에 초점이 맞춰 있기 때문에 임직원 모두가 고객이 요구하고 시대가 필요로 하는 사업을 찾으려는 자세를 가지고 있다.

일본식 경영(공유가치)

- 회사 가치와 신념 중심의 기업
- 경영철학의 공유
- 인간 중심의 가치를 공유하라

미국식 경영(공유가치)

- 사람 중심의 기업
- 고객 가치를 공유
- 업적 중심의 가치를 공유하라

K-웨이 기업들은 세트 메이커와 부품 회사가 한 그룹 내에 같이 존재한다. 이 그룹사들은 경영이념과 경영철학을 공유하며 업종이나 사업이 달라도 같은 기업 문화를 가지고 있다. 신입사원 시절부터 그룹 내의 기업 문화를 공유했기 때문에 회사에 대한 충성심이 강하다. 관리자가 되면 이업종(異業種) 회사로 전배되기도 한다. 그룹 내에 세트 메이커와 부품 메이커가 수직적 계열화가 잘 이루어지고 인력 교류와 기술 공유도 가능하다. 해외 진출 시에는 세트 메이커와 부품 메이커가 동반 진출하여 생산 효율화를 꾀할 수 있나. 그룹 내에 업종 포트폴리오가 잘 구성되어 있어서 어느 한 업종에 위기가 올 때 부진한 회사의 인력을 양호한 회사로 전환시키기도 하며 탄력있게 조직을 운영하기도 한다.

새로운 것을 성공시키는 힘, K-웨이

K-웨이 인사이트

전략 인사이트

'전략'이란 단어는 괜스레 어렵게 느껴진다. 쉽게 말해 '전략'이
란 '변화의 방향을 정하는 것'이라고 할 수 있다. 예를 들어 여행에
앞서 '어떤 방법으로 이동할 것이며 도중에 돌발상황이 생기면 어
떻게 대응할 것인가'를 미리 생각하고 방안을 모색하는 것이다. 이
것은 모든 일을 하기에 앞서 만들어져야 한다. 아무 생각 없이 감정
만을 앞세워 전쟁을 일으키고 상황을 살피며 그때야 전략을 짠다

면 승리할 확률은 현저히 낮다. 전략적으로 이기는 가상 시나리오를 짠 후에 싸움을 시작해야 한다. 때문에 전략을 수립하기 전에 환경을 분석하고 정확하게 예측할 수 있는 능력을 가지고 있어야 한다. 이를 위해서는 현재 자신이 처한 상황을 정확하게 파악하고 유리한 전략을 짤 수 있는 사람을 양성해야 한다. 전략이란 '기업이나 사업 단위가 가진 자원을 어디에 집중할 것이고, 경쟁우위를 지속하려면 어떤 행동의 조정이 필요한가'를 논리적으로 서술하는 것이라고 볼 수 있다.

한국의 우량기업들은 사업 전략 측면에서 환경 변화에 적극적으로 대처했다. 한국 기업들의 초기 사업은 설탕이나 복지 같은 단순 소비재에 편중되어 있었다. 이를 기반으로 1960년대에 전자 사업을 시작하여 여러 개의 부품을 조립하는 세트메이커로 변신하였다. 이후 시대의 변화를 읽어내고 점차 사업 구조를 고기술 제품으로 발전시켜 조선, 건설, 화학 산업으로 확대해 나갔다.

결국 전략은 환경 변화를 예견하여 그에 대응하는 선행적 의사결정이다. 한국의 우량기업들은 5년 후나 10년 후에 니즈가 있는 미래 수종(樹種) 사업을 발굴하여 전략적으로 투자했다.

● 사업 부문별로 중장기 전략에 의거하여 사업 계획을 세운다

● 글로벌 경쟁체제를 이해하고 세계 일등이 되기 위한 전략을 세운다

● 사업 포트폴리오 전략을 짜서 매출 확보와 리스크에 대비한다

기술 인사이트

적절한 전략이 수립되면 실행을 위해 요구되는 것이 기술력이다. 과거 아날로그 경제 시대에는 기술 발전의 폭이 크지 않았고 그 주기도 빠르지 않았다. 하지만 디지털 경제 시대에는 기술의 변화가 크고 그 주기가 빨라졌기 때문에 1등 기업이든 100등 기업이든 늘 새로운 기술을 만들기 위해 노력해야 한다.

디지털 컨버전스의 흐름은 급속한 발전을 거듭하고 있다. 한국의 우량기업들은 이 흐름을 놓치지 않았다. 아날로그 기술로서는 기존의 세계 일류기업의 뒤를 따라갈 수밖에 없지만 디지털 기술에서는 누구나 똑같은 상황이기 때문에 조금 더 스피드를 강조하면 우위를 점할 수 있다. 이에 반도체와 IT 기술 분야에서 세계 최고 수준의 기술을 개발하고, 과감한 투자를 통해 대량생산을 해내는 체제를 갖춤으로써 기술의 선순환 구조를 만들었다.

첨단 기술에 도전하려면 기술 개발력과 생산 능력, 천재적인 능력을 가진 사람이 절대적으로 필요하다. 국내 기업들은 전통적으로 외부에서 사람을 스카우트하기보다는 내부에서 인력을 양성했다. 그러나 반도체 산업에서는 예외적으로 생산과 지원 부문은 내부 인력이 맡고 기술 부문은 외부에서 전문가를 영입했다. 세계에 흩어져 있는 속칭, 천재급 인재를 스카우트하기 위해 CEO들이 직접 나서는 열성을 보이기도 했다.

하지만 외부에서 기술 인력을 수혈한 것만으로는 부족했기에 각 계열사마다 기술 연구소를 세우고 연구에 필요한 투자를 대폭 강화하며 기술 기반을 다졌다. 또한 아무리 불황이라 할지라도 이들이 개발한 신기술을 생산 기술로 뒷받침하기 위한 지원을 아끼지 않고 과감하게 투자했다. 따라서 최첨단 기술을 개발하면 생산 부서가 빠르게 연결고리를 만들어 세계 최고의 상품화 과정을 만들어 낼 수 있었다. 그것이 품질 면에서 최고의 품질을 추구하면서 고객에게 신뢰를 얻는 것을 가능하게 만들었다. 이러한 과정을 통해 한국 우량기업들이 만든 제품은 세계적으로 인정받게 되었다.

리더십 인사이트

전략과 생산 기술 등 기업에 관련된 모든 것이 그랬듯 리더십 역시 시대의 변화에 따라 진화했다. 과거에는 관리자가 기존의 방식과 시스템을 유지하는 것을 강조했지만 현재의 리더는 변화와 발전을 추구하는 마인드가 강하다. 현재의 리더십은 '새로운 방향을 제시하고 변화를 주도하며 변화의 과정에서 발생하는 다양한 상황을 돌파하는 힘'이라고 정의할 수 있다.

새로운 리더십은 다음과 같은 점을 강조하고 있다.

- 방향 설정
- 비전 설정
- 전체적인 상황 파악

- 전략 설정

- 목표를 위한 제휴 협력

- 목표에 대한 의사소통

- 헌신과 몰입의 추구

- 팀과 연합체 구축

- 동기유발 및 의욕의 고취

- 의욕과 활기의 고취

- 자율권 부여

1990년대 중반, 한국의 우량기업들은 전체적으로 모든 사업이 성장을 하고 있어 겉으로 보기에는 아무런 문제가 없었다. 하지만 CEO들은 직원들에게 위기의식을 불러일으키고 세계 일류라는 새로운 비전을 제시하며 끊임없이 독려했다. 비전이 없는 것은 죽은 것과 다름없다. 비전은 직원의 집중력과 긍정적인 에너지를 끌어낸다. 따라서 리더의 역할 중에 가장 중요한 것이 모든 직원에게 위기의식을 심어주고, 비전을 제시하며 앞으로 갈 길을 제시하는 것이다.

구조 인사이트

시대에 따라 산업 경쟁력의 요소가 달라지기 때문에 기업의 구조도 시대에 맞춰 변화해야 한다. 소비제품의 대량생산이 주류를 이루고 있을 1970~80년대에는 대규모 공장을 짓고 생산성을 높이기 위해 노동 인력을 늘렸다. 인력이 늘어나자 조직이 세분화되고 직급이 늘어나게 되었다. 결국 조직 세분화는 기능 간에 벽을 만들었고, 직급이 늘어나면서 복잡한 계층이 생기게 되었다.

조직이 세분화되고 직급이 복잡해진 전형적인 피라미드 조직 구조 아래에서는 커뮤니케이션이 단절될 가능성이 크다. 그렇게 되면 의사결정도 지연되고 그만큼 실행력이 떨어진다. 한국 우량기업들의 사업 구조가 조금씩 단순 소비재에서 첨단 기술제품으로 옮겨가면서 빠른 실행력을 갖춘 구조로의 전환이 필요했다. 그로 인해 한 회사에서 여러 사업이 진행되는 경우에는 각 부문별로 사장을 두는 제도를 채택했다. 예전에는 혼자 맡아서 처리하던 것을 가전 부문, 반도체 부문, 통신 부문, IT 부문 등에 각기 사장을 두어 전문성을 살리고 의사결정이 빠르게 이루어질 수 있도록 한 것이다. 단일 회사의 경우에도 사업부제를 적극적으로 도입하여 독립 사업체처럼 운영하도록 했다. 또한 전통적인 부과(部課)의 계층 구조를 팀제로 단순화하여 실무자와 팀장 간의 계층을 대폭 줄였다. 부문 간의 벽을 허물고 업무를 단순화하기 위해 프로세스 혁신(Process Innovation)을 실시하고, IT 시스템을 구축하여 원상회귀를 차단시켰다. 1990년대에는 조직 개편과 프로세스의 혁신을 통해 피라미드 조직을 평평한(Plat) 조직으로 변화시켜 빠른 실행력을 갖추도록 했다. 실행력을 갖춘 조직 구조를 만들기 위한 개선 방향은 다음과 같다.

- 톱다운과 버텀업의 커뮤니케이션이 잘 이루어질 수 있는 구조를 만든다
- 조직의 집중화와 분권화를 동시에 추구한다
- 표준화된 업무의 지속적인 개선을 현업에 위임한다
- 외부 비즈니스 파트너를 존중하고 비즈니스의 연장으로 그들을 대우한다

시스템 인사이트

시스템은 직원들이 해야 할 일이나 결정을 내려야 할 주요 문제를 더욱 쉽게 진행할 수 있도록 도와주는 양식 또는 과정이다. 경영자는 시스템을 통해 조직의 변화를 유도할 수 있다. 그렇기 때문에 시스템은 경영자에게 강력한 도구가 된다. 업종이 다양해지고 조직이 커지면 경영자가 일일이 업무를 통제하는 것이 불가능해진다. 그럼에도 불구하고 경험에 의지해 관리를 해온 경영자들은 자신의 통제로 일이 움직이기를 원한다. 그러다 보니 경영자가 관심이 없는 일은 원활히 진행되지 않고, 의사결정이 제대로 이루어지지 않는다. 그렇다 보니 일이 효율적으로 처리가 되지 못한 상태에서 겪지 않아도 될 새로운 문제를 만들어내는 과정이 반복된다.

한국의 우량기업은 상사가 부하직원에게 지시를 하는 빈도가 적었고, 결재과정도 간단하게 이루어졌다. 늘 부딪치게 되는 실무적인 일들을 빠르게 처리할 수 있는 시스템을 구축했기 때문이다. 업

무의 프로세스를 분석하여 전체적인 연결성을 만들고 중복되거나 낭비된다고 생각되는 요소들을 끊임없이 제거하여 일이 효율적으로 가동될 수 있게 만들었다.

- 가치 있는 일에 집중한다
- 집중 근무를 습관화한다
- 믿고 맡기는 위임을 한다
- 불필요한 일을 제거한다
- IT 시스템으로 빠르게 처리한다

한국의 우량기업들은 전사적 자원 관리(ERP)를 통해 업무 처리 방식을 글로벌 스탠더드로 바꾸었다. 한국은 전 세계에서 IT 시스템이 가장 잘 구축되어 있는 나라 중 하나다. 대부분의 업무가 IT 시스템에 의해 처리되기 때문에 전 사원에게 빠르고 정확하게 정보가 전달된다. 또한 같은 시스템을 이용하여 아무리 거리가 먼 사업장이라 할지라도 같은 속도로 정보를 공유하고 일을 처리할 수 있다. IT 시스템 구축과 정보화 교육은 그룹 내에서 설립한 IT 전문회사의 전담으로 운영되고 있다. 따라서 그룹 전체 차원에서 업무 처리 방식을 개편할 때도 용이하게 전환할 수 있다는 장점이 있다. 또한 정보화 교육 시설을 만들어 임원에서부터 사원에 이르기까지 모든 직원에게 차별 없이 IT 시스템에 관한 교육을 시킨다. 따라서 어떠한 업무에서든 누구라도 새로운 시스템을 쉽게 이용할 수 있게 했다.

스킬 인사이트

직원들의 가치관에 따라 기업의 문화와 가치가 달라진다. 겉으로 보기엔 근무 환경이 좋아보이나 직원들이 공유하는 가치관이 없거나 분위기가 느슨해지면 조직력이 살아나지 못한다. 미국 기업은 개인주의적인 성향이 강하지만 성과를 만들어낸 직원에게 인센티브를 주는 등의 방식을 통해 동기부여를 하고, 돈보다는 혼(魂)을 강조하는 일본 기업은 집단주의를 이끌어내 동기부여를 한다.

한국의 우량기업들은 지난 20여 년 동안 하루도 빠짐 없이 매일 아침 사내 TV 방송을 실시하면서 직원들과 함께 회사의 가치관을 공유하고 있다. 덕분에 한국식 문화 위에 일본식과 미국식 문화가 접목되면서 엄격함과 온유함이 공존할 수 있었다. 업무적인 면에서는 경영전략, 목표관리, 업적관리 등의 부분에서 엄격함을 보이지만 인사관리와 업무방식에서는 온유함이 깔려 있다. 한국식 경영의 조직 문화 개선 방향은 다음과 같다.

- 회사 가치와 신념을 널리 공유하고 장기적으로 유지할 수 있는 안정적인 문화를 만든다
- 회사의 가치와 신념을 빠르게 전 사원에게 커뮤니케이션한다
- 업(業)의 개념에 입각한 사업 전개가 되도록 한다

● 문화와 복지 사업을 통해 직원의 행복 추구를 지원한다

인재 인사이트

남들이 생각하지 못하는 전략과 철저한 실행력을 갖춘 사람이 많이 있어야 성공하는 조직이 될 수 있다. 기획과 실행력은 분리될 수 없다. 따라서 기획과 실행 사이의 단단한 연결력이 비즈니스 생존의 필수조건이다. 기획력과 실행력은 모두 사람에게서 나온다. 사람이 기업의 핵심이고 사람의 능력에 따라 비즈니스의 성과가 달라진다. 그로 인해 한국의 우량기업들은 교육을 통해 모든 직원이 전략과 실행력을 갖출 수 있도록 양성한다.

한국의 우량기업은 전통적으로 신입사원을 공채로 뽑아 교육을 시켜 기업이 원하는 인재로 만든다. 사원 교육은 회사의 경영철학과 이념을 철저히 주입해 충성심을 유발하고 실무 능력을 갖추도록 하여 실행력을 높이는 것에 초점이 맞춰져 있다. 신입사원뿐 아니라 경력사원들도 마찬가지다. 수시로 기술과 관리에 대한 교육을 받아 전직원의 10% 정도가 언제나 교육 중이라고 할 정도다.

또한 한국의 우량기업은 조직력을 기르기 위해 실무 능력과 팀플레이를 할 수 있는 T자형 인재를 양성하는 것을 강화하고 있다. 이런 방식으로 오랜 기간 동안 인재를 키우다 보니 관리자가 내부에서 양성되고, 경영자들도 대부분 내부의 말단 직원이 승진한 사람들로 구성되어 있다. 그렇다고 해서 모든 사람이 내부에서 양성되

는 것은 아니다. 신규 사업이나 첨단 기술이 필요한 산업 분야에서는 외부에서 적극적으로 인재를 영입하고 있다. 반도체 사업은 내부 사람보다는 외부에서 영입한 사람이 더 많을 정도다. 천재론을 앞세워 전 세계에서 천재급 인재를 영입하여 최고의 기술력을 갖추고 있다. 기존의 연공서열식 인사 제도도 과감히 수정하여 직급제와 능력제를 병행하고 있다. 이렇게 기본을 갖춘 기존 인력과 특별한 기술을 가진 새로운 인력이 적절히 조화를 이루면서 변화를 쉽게 수용할 수 있는 문화가 조직에 자연스럽게 자리 잡게 되었다. 변화를 주도하는 인재를 양성하기 위해 다음과 같은 기본 방향에 주목해볼 필요가 있다.

- 능력 위주로 사원을 리크루팅한다
- 신입사원을 선발하여 학습을 통해 능력을 향상시킨다
- 공통의 목표를 향해 함께 일하는 방식을 가르친다
- 근본의 문제를 지속적으로 해결하는 학습 조직을 만든다

흐르는 물에서 물고기를 잡는 새, 킹피셔

우리 주변에는 잘 인식하지 못하지만 (분명하게 차별되는) 우수성을 가진 것들이 참으로 많다. 그중 하나가 바로 물총새다. '물고기

를 잘 잡는다'라는 의미로 킹피셔(Kingfisher)라고 불리기도 한다. 킹피셔는 흐르는 물속에서 헤엄치고 있는 물고기를 포착하고 재빠르게 낚아채는 놀라운 능력을 가진 새다. 그렇게 재빠르다는 독수리도 죽은 고기를 잡아먹는데 킹피셔는 언제나 살아서 펄떡이는 물고기를 잡아먹는다. 덩치는 크지만 죽은 고기를 먹는 독수리가 용맹스러운가, 몸은 작지만 살아 있는 물고기를 잡아먹는 킹피셔가 용맹스러운가?

필자는 킹피셔와 독수리가 사냥하는 장면을 상상하며 변화하는 경영의 흐름을 떠올렸다. 독수리는 덩치는 크지만 살아 있는 것을 사냥하는 능력이 없어서 죽은 고기만을 먹는다. 독수리는 구식이 되어버린 아날로그 전통 산업의 리더로 표현될 수 있다. 반면 킹피셔는 잠시도 멈추지 않는 디지털 시대에서 흐름과 함께 움직이며 재빨리 목표물을 공략해 새로운 것들을 만들어내는 리더로 표현된다. 디지털 시대는 기술의 변화가 빠르고, 그만큼 고객의 니즈도 빠르게 변하기 때문에 독수리의 그것처럼 전통적인 사업 방식으로는 살아남기 힘들다. 디지털 시대의 기술과 고객은 흐르는 물에서 빠르게 움직이는 물고기와 같아서 변화의 실체를 감지하기 쉽지 않다. 만약 발견한다 해도 빠르게 목표물에 접근하지 못하면 이내 사라져버리기 때문에 좀처럼 흐름을 맞추기 어렵다. 세계 일류기업들이 디지털 시대에 들어서면서 쓴잔을 마시게 된 것은 늘 죽은 고기만 사냥했던 독수리가 빠르게 움직이는 물고기를 사냥하려 했기 때문이다.

최근 한국 기업들이 디지털 시대를 지나오며 전에 없던 새로운 것에 도전하고 있고, 상당 부분 성공을 거두고 있다. 새로운 것에 도전하여 성공한 한국의 기업들을 들여다보면 마치 킹피셔와 같은 특성을 가지고 있음을 알 수 있다. 총알처럼 빠르게 물속으로 뛰어들어 물고기를 잡는다고 해서 붙여진 이름인 킹피셔처럼 우리나라에는 새로운 사업에 재빠르게 진입하여 성과를 내는 뛰어난 능력의 기업이 많다. 필자는 이 둘에서 같은 열정을 느낄 수 있었다. 기업이 수익을 내는 것과 킹피셔가 사냥을 하는 것, 이 둘의 방식은 차이점이 있지만 크게 보면 모두 존속을 위한 행위라는 것을 알 수 있다. 나는 그 부분에서 킹피셔와 한국 기업들의 집요하리만큼 강한 열정을 느낄 수 있었다. 새로운 것을 성공시키는 기업들의 우수

E	Envision	새로운 비전
E	Encourage	강점 활용
E	Edge idea	예리한 아이디어
E	Execute	스피디한 실행
E	Exercise	될 때까지 연습

성을 향한 열정과 킹피셔의 우수성을 향한 열정, 이 둘의 공통적인 과정을 정리해보았다. 왼쪽의 표를 참고하기 바란다.

새로운 것을 성공시키는 다섯 가지 열정

킹피셔가 물고기를 잡는 제왕의 의미인 킹피셔로 불릴 수 있게 된 것은 다른 새들과는 달리 새로운 것을 성공시키는 다섯 가지 열정을 가지고 있기 때문이다. 킹피셔의 우수성을 향한 열정과 한국 기업의 우수성을 향한 열정의 사례를 '5E'를 통해 설명하며 독자들의 이해를 돕고자 한다. 1985년에 필자는 삼성전자에서 애플 퍼스널 컴퓨터와 비슷한 8비트짜리 PC를 개발해 판매하는 일을 담당했다. 이후 삼성전자는 16비트, 32비트짜리 PC를 만들며 발전했고 마침내 국내에서 1위를 달성했다. 하지만 좀처럼 해외시장에서는 빛을 보지 못했다. 반도체와 휴대폰은 세계 1, 2위를 달렸지만 PC 사업은 HP, 델, 소니 등의 기업에 가려 국내 1위에만 만족해야 했다. 하지만 킹피셔처럼 기회를 노리고 있던 삼성전자에게 PC사업을 통해 세계로 나갈 수 있는 기회가 포착되었다. 노트북 PC가 점차 소형화되면서 2008년부터 화면이 10인치 정도인 넷북(Netbook) 노트북이 출시되기 시작했다. 기회는 그때부터였다. 그렇게 삼성의 울트라 씬(Ultra thin) 노트북 PC 사업의 새로운 도전이 시작되었다.

새로운 것을 찾는 시야(Envision)

킹피셔는 물고기를 잡기 위해 일단 높이 날아오른다. 그리고 아래를 살피며 어느 지점에 물고기가 많은지 탐색하고 사냥을 위한 장소를 정한다. 그리고는 물가의 가장 조용한 곳에서 조용히 물고기의 움직임을 주시하며 기회를 노린다. 킹피셔는 고개를 움직이지 않고도 320도를 볼 수 있어 멀리 있는 것과 가까이 있는 것을 잘 살필 수 있다. 그런 넓은 시야를 통해 킹피셔는 수심 5m 아래에 있는 물고기의 움직임을 관찰할 수 있다. 킹피셔는 매일 영양분을 섭취하지 못하면 생존할 수 없다. 이는 늘 새로운 사업을 구상하며 끊임없이 내일을 고민해야 하는 기업의 생리와 유사하다.

울트라 씬 노트북 1985년에 처음 PC 사업을 시작한 이래 삼성전자는 지속적인 기술 개발을 통해 탁상형 PC와 노트북 PC 등을 생산해 미국에 수출했다. 미국시장에서 PC를 판매하면서 동시에 세계 퍼스널 컴퓨터의 기술 흐름과 수요 동향을 정기적으로 파악했고, 그것을 신제품 개발에 반영했다. 삼성전자가 PC 사업을 시작한 지 20여 년이 흐른 2000년대 중반부터는 비즈니스맨이나 여성들을 중심으로 노트북을 휴대하고 다니며 일을 하거나 여가를 즐기는 것이 트렌드가 되었다. 그 당시 14인치 이상의 노트북 PC는 크기가 크고 무게가 3kg 이상 나가 이동에 부담이 되었다. 그래서 작고 가벼우면서도 기존 노트북의 기능과 성능을 모두 갖춘 새로운 노트북에 대한 니즈가 반영되었다. 그 결과물로 넷북 (Netbook)이 출현했다. 소니가 출시한 넷북은 크기는 작았으나 가격이 비쌌고, 대만의 넷북은 낮은 비용으로 만들어 기능과 성능이 떨어졌다. 시장의 동향을 유심히 살핀 삼성전자는 빠르게 새로운 비전을 정했다. 성능과 기능은 노트북 PC가 가진 것을 그대로 유지하면서 크기는 작고, 가격 역시 노트북보다 싼 '울트라 씬 (Ultra thin) 노트북'을 만들기로 한 것이 바로 그것이다.

강력한 날개(Encourage)

킹피셔는 사냥을 위해 높이 날아오른 뒤 어느 지점에 먹이가 가장 많은지 찾아낼 때까지 목표 지점의 상공에서 먹잇감의 움직임을 주시한다. 그러다 먹잇감을 발견하면 머리를 고정하기 위해 1초에 8회 정도의 빠른 날갯짓을 하여 정지 비행을 한다. 먹잇감을 향해 돌진할 때도 강력한 날개를 이용한다. 강력한 날갯짓은 여기에서 멈추지 않는다. 킹피셔는 물고기를 잡아서 물 위로 올라갈 때도 강력한 날갯짓으로 힘차게 물을 박차고 날아간다. 킹피셔의 넓은 시야는 날개가 뒷받침되지 않았다면 장점이 되지 못했을 것이다. 킹피셔는 강력한 날개를 통해 '넓은 시야'를 볼 수 있다는 자신의 특징을 더욱 강력한 장점으로 승화시킬 수 있었다.

삼성전자는 이전에 없던 새로운 콘셉트의 넷북을 만들기 위해 기존에 가지고 있던 삼성전자만의 강점을 살펴보았다. 불황에 상관없이 지난 20년 동안 꾸준히 기술 개발을 해온 덕분에 기술력과 디자인 능력을 갖추고 있었다. 또한 완벽한 품질을 확보하며 불량률을 최소화할 수 있는 최고의 생산 기술을 가지고 있었다. 하지만 삼성전자의 가장 강력한 날개는 배터리 기술과 축적된 마케팅 노하우였다. 노트북 PC는 작고 가벼워야 한다는 특성상 배터리를 소형화하면서도 대용량을 실현할 수 있어야 했다. 삼성전자는 그러한 기술과 신제품을 개발하면 판매를 할 거미줄 같은 국내 유통망과 해외 조직을 가지고 있었다.

예리한 판단력 (Edge idea)

어느 날 TV를 보다가 우연히 미국에서 어느 주민이 촬영한 킹피셔 동영상을 보았다. 동영상은 킹피셔 한 마리가 날아가다가 빵 조각을 연못에 떨어뜨리며 시작한다. 특히 이 부분이 내 시선을 끌었다. 킹피셔 자신도 빵 조각을 먹고 싶었을 텐데, 왜 그것을 연못에 떨어뜨렸을까. 킹피셔는 건너편 나뭇가지로 날아가 조용히 앉아서 무언가를 기다리는 듯했다. 잠시 후, 킹피셔가 떨어뜨린 빵 조각을 먹기 위해 물고기가 물 위로 떠올랐다. 킹피셔는 이때를 놓치지 않고 재빨리 물고기를 향해 돌진했다. 그리고 잠시 후, 킹피셔의 긴 부리에는 물고기 한 마리가 물려 있었다. 결국 킹피셔의 모든 행동은 물고기를 유도하기 위한 전략이었던 것이다.

UCC를 통해 알 수 있듯 킹피셔는 매우 창의적인 새다. 작은 먹잇감을 미끼로 더 큰 먹잇감을 사냥한다. 사냥을 위해 킹피셔가 보여주는 것은 그뿐만이 아니다. 사실 물고기를 잡아먹는 것은 쉬운 일일 수도 있다. 하지만 그 전에 갖춰야 할 것이 많다. 일단 물속에 있는 물고기를 보려면 물의 굴절 각도를 정확히 계산해야 한다. 그리고 물고기가 헤엄치는 속도와 자신이 날아가는 속도를 계산해 정확히 물고기의 등 한가운데를 물어야 한다. 이때 꼬리를 무는 등 위치를 잘못 맞추면 물고기는 재빨리 빠져나간다. 이 모든 것이 결정되는 순간은 아주 짧다. 물고기를 향해 돌진하는 0.5초 이내에 모든 것을 계산하고, 판단해야 한다

울트라 씬 노트북 삼성전자는 세계적으로는 인정을 받지 못했지만 20년 이상 국내외에서 활발하게 PC 사업을 하며 고객의 니즈를 파악할 수 있었다. 덕분에 삼성전자는 '울트라 씬 노트북' 개발을 위해 연구를 시작할 때부터 고객의 니즈에 대한 확실한 판단을 할 수 있었다. 삼성전자의 판단은 크게 4가지로 구분할 수 있다. 첫째, 작게 만들어야 한다고 해서 키보드의 크기까지 줄여서는 안 된다. 둘째, 현재 사무실에서 사용하고 있는 소프트웨어를 그대로 활용하기 위해서는 기능과 성능을 그대로 유지해야 한다. 셋째, 동영상을 사용하는 빈도가 높기 때문에 프로세서의 속도가 빠르

고 메모리 용량도 커야 한다. 마지막으로 이동이 잦으며 프레젠테이션을 많이 하는 직장인이 주고객이기에 각종 보조 장치 연결이 자유로워야 한다. 또한 배터리가 작고 가벼우면서도 용량은 커야 한다. 삼성전자는 이런 고객의 4가지 니즈를 충분히 반영하되 크기와 무게, 비용을 줄이는 넷북을 개발하기로 했다.

빠른 행동(Execute)

실행력은 기업에서는 물론 개인의 성과를 위해서도 상당히 중요하다. 성과의 크기는 판단이 끝난 사항에 대해 그 일을 처리하기 위해 얼마나 빠른 속도로 행동할 수 있느냐가 좌우한다. 킹피셔에게 있어 판단은 곧 행동이다. 판단이 끝나자마자 목표물을 향해 시속 $100km$의 속력으로 돌진하고, 재빠른 행동을 위해 물속에 들어가서도 눈을 감지 않는다.

하지만 스피드만 있다고 해서 빠른 행동력을 가질 수 있는 것은 아니다. 최종적으로 물고기를 물고 물속에서 빠져나와야 목적을 달성했다고 할 수 있다. 물속에 있는 자신의 몸 역시 무겁지만, 빠져나가기 위해 몸부림치는 물고기까지 입에 물고 수면 위로 날아오르기 위해서는 독수리가 가진 그것보다 강력한 근육이 필요하다. 빠른 스피드와 강력한 근육, 그것의 조화가 이루어져야 비로소 행동력을 가질 수 있다.

킹피셔가 판단이 끝난 즉시 행동하듯 삼성전자도 새로운 비전이 설정되고 고객 니즈를 반영한 울트라 씬 노트북의 스펙이 결정되자, 노트북 개발을 위해 필요한 모든 부서가 전사적으로 움직이기 시작했다. 마케팅부, 개발부, 자재부, 생산부가 함께 모여 실행 계획을 짜고, 개발과 동시에 자재를 수배했고 생산 준비에 착수했다. 경쟁 업체의 견제도 만만치 않았다. 하지만 삼성전자가 미국이나 일본, 대만 등의 경쟁 업체들보다 한발 빨리 움직일 수 있었던 요인은 기존의 노트북 설계 기술을 활용해 개발 기간을 혁신적으로 단축할 수 있었기 때문이다. 덕분에 모든 게 빠르게 진행될 수 있었고, 개발에 착수한 지 6개월 만에 국내용 넷북이 생산될 수 있었다.

될 때까지 연습(Exercise)

검색 사이트에 '물총새'를 입력하면 재미있는 동영상 하나가 나온다. '물총새의 홀로서기'라는 동영상인데 어린 킹피셔가 먹이 사냥을 시작하면서 홀로서는 이야기다. 주요 내용을 살펴보면 이렇다. 킹피셔 한 마리가 물속으로 뛰어들어가 물고기를 공격하지만 좀처럼 성공하지 못한다. 물고기를 입에 물었다가도 놓치기를 반복한다. 동영상이 내 시선을 잡은 부분은 여기부터다. 잠시 후 킹피셔는 작은 나뭇가지 하나를 물고 와 통나무에 툭, 툭, 치는 행동을 반복한다. 처음에는 킹피셔가 왜 저런 의미 없는 행동을 반복하는지 이해할 수 없었다. 하지만 그 행동은 물고기를 제대로 잡기 위한 연습이었다. 킹피셔가 물고기를 물었다고 해도 재빨리 기절시키지 못하면 물고기가 몸부림을 쳐 놓쳐버릴 가능성이 크다. 때문에 사냥의 성공률을 높이기 위해 물고기를 빨리 기절시키는 연습을 하는 것이었다. 한참 동안 통나무 치기를 연습하던 킹피셔가 다시 물고기 사냥을 떠났고, 결국 첫 사냥에 성공하게 된다.

그야말로 '될 때까지' 반복적으로 연습하는 킹피셔의 모습을 보니 왜 킹피셔가 물고기의 제왕이 되었는지 알 수 있을 것 같았다.

울트라 씬 노트북 그렇게 모든 단계를 거쳐 2008년 말, '울트라 씬 노트북'이 출시되어 수출 시장을 개척해 나가기 시작했다. 그 당시에는 미국이나 유럽에도 이렇다 할 넷북이 없던 상태라 삼성의 울트라 씬 노트북은 많은 관심을 받게 되었다. 초기에 내놓은 울트라 씬 노트북은 검은색으로 메모리는 1기가, 배터리 사용 시간은 1시간 정도였다. 계속된 업그레이드를 통해 2009년 초에는 2기가의 메모리를 탑재하고, 디스플레이를 LCD로 한 새로운 모델을 내놓게 되었다. 이는 출시되자마자 순식간에 국내 넷북 시장에서 1위를 차지했다. 또한 미국에서도 반응이 좋아 판매가 급증했고, 영국의 노트북 시장에서도 1위를 하게 되었다. 그러자 재빨리 신제품을 개발했고 새로움을 추구하기 위해 디자인 개발에도 신경을 썼다. 마침내 2009년 하반기에는 LED 화면을 사용하면서 무게를 1.36㎏으로 줄이고 배터리를 최대 9시간까지 쓸 수 있는 신제품을 개발하였다. 이것은 파워 코드를 휴대하지 않고도 자유롭게 이동할 수 있는 경이적인 제품이었다. 결과는 예상하던 바였다. 1년 만에 세계시장 1위로 올라서게 되었다. 삼성전자가 PC 사업을 시작한 지 24년 만에 처음으로 세계 1등 PC가 탄생한 참으로 감격적인 순간이었다. 매출 부분에 있어서도 큰 변화가 생겼다. 삼성전자의 PC 사업 부문의 2008년 매출이 약 1조 5천억 원이었으나, 세계 1위를 차지한 2009년에는 전년도의 약 2배인 3조 원으로 훌쩍 뛰어올랐다.

삼성의 작고 아름다운 노트북은 킹피셔(Kingfisher)처럼 예리한 판단과 스피드, 열정으로 세계 최고가 되었다. 킹피셔가 단 한 번의 아름다운 비행을 위해 바치는 다섯 가지 열정은 이 시대를 통과하고 있는 모든 기업이 가져야 할 덕목이라고 할 수 있다. 모든 것이 빠르게 변하는 디지털 시대에서 기업이 새로운 것을 성공시키기 위해서는 킹피셔가 가진 열정이 반드시 필요하다. 한국의 우량기업들은 모두 킹피셔가 가진 열정을 보유하고 있었다. 그것이 바로 한국의 우량기업들이 세계에서 인정받는 기업이 된 큰 이유다.

새로운 것을 성공시키는 창조와 열정

K-웨이 열정을 만드는 전략과 실행의 순환 법칙

톰 피터스는 《초우량기업의 조건》을 통해 "우량기업들은 경영 요소가 다른 것이 아니라 운영 방법이 다르다"라고 말했다. 하지만 모든 기업에 똑같은 경영 요소를 투입한다고 해서 같은 에너지가 발생하는 것은 아니다. 어떤 기업은 발생하지만 그렇지 못한 경우도 있다. 그렇다면 독특한 에너지를 발산한 한국의 우량기업은 어떤 방법으로 경영 에너지를 만들어냈을까?

우리가 앞서 살펴본 한국식 경영의 '7S' 구조는 정태적 구조와 동

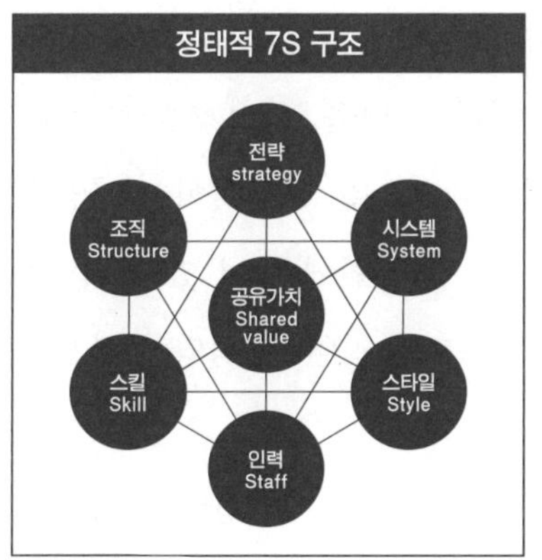

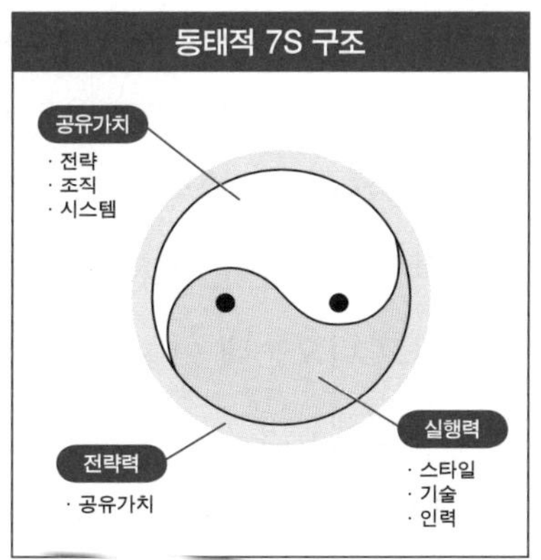

태적 구조가 있다. 정태적 구조는 7S의 각 요소가 상호작용 구조로 배치되어 있는 모양이고 동태적 구조는 태극 모양으로 배치되어 있다.《위대한 기업으로》의 저자인 짐 콜린스는 이렇게 말했다.

"위대한 기업들은 핵심을 보존하는 힘과 발전을 자극하는 힘이 꼬리를 물고 이어지는 태극 무늬의 모양을 띠고 있다. 위대한 기업은 '둘 중의 하나'라는 'OR의 생각'을 버리고 두 개의 장점을 선택하는 'AND의 사고방식'을 가지고 있다."

그는 이 모순의 수용이 경영의 핵심이라고 설명하면서 모순도 수용하는 유연성을 동양의 리더십에서 찾았다. 동양철학의 근간인 음양설(陰陽說)이 그 대표적인 사례다. 모순관계인 음과 양은 역설적으로 상대가 있기에 존재한다. 게다가 음 속에 양의 싹이 자라고 양 속에 음의 싹이 자라나 서로를 대체하는 태극(太極) 구조를 보인다. 태극은 영어로 'Great Absolute'로 위대한 절대 진리를 의미한다.

태극의 구조는 주역의 음양 이론에 기초를 두고 있다. 주역에서 양(陽)은 정신을, 음(陰)은 물질을 뜻한다. 음양을 동서(東西)로 말하면 동은 '양'이고, 서는 '음'이다. 따라서 동양은 정신적이고 서양은 물질적이다. 만물이 태극에서 나올 때 태극 안에 들어 있는 핵(核)을 가지고 나오는데 이 핵이 태극 구조로 움직일 때 생명이 탄생하고 힘이 발생한다.

이 태극 원리를 경영에 도입해보면 다음과 같다. 한국 우량기업들은 정신적인 동양식 경영 기법과 물질적인 서양식 경영 기법의 모순적 상황에서 어느 하나를 선택한 것이 아니라 두 개의 장점을 취한다. K-웨이는 동양식과 서양식, 이 두 가지 장점을 선택한 'AND적 사고'의 산물이다. 두 가지 장점을 경영 요소의 개념으로 소화해 전략력에는 예리한 아이디어, 강점 활용이 배치되고 실행력에는 실행, 연습 요소가 배치되어 새로운 비전의 원 안에서 영향을 미치는 태극 구조를 나타내고 있다.

하지만 경영의 태극 구조를 모두 갖추었다고 해서 저절로 순환작용이 이루어지는 것은 아니다. 순환작용이 일어나려면 3가지 조건이 더 갖추어져야 한다. 3가지 조건은 공유가치라는 원통 안에 있어야 한다. 또한 전략적인 요소와 실행적인 요소가 태극 무늬의 구조를 보여야 하며, 양 구조에 각기 한 개씩 생명체의 핵(Core)을 가지고 있어야 한다.

태극 무늬 구조에서 전략력과 실행력이 균형을 이루며 발전해야 한다. 두 개의 핵 중 하나는 전략력을 움직이는 리더십이고, 다른 하나는 실행력을 움직이는 직원들의 열정이다. 리더십과 열정이 서로의 꼬리를 물고 상호작용할 때 서로를 당기고 미는 힘이 만들어지게 된다. 그때 비로소 에너지가 만들어지는 것이다. 한국 우량기업들은 이 같은 경영 요소를 투여하여 이 에너지를 만들어냈다.

그러나 한국 기업이라고 해서 모두 에너지를 만들어내는 것은 아니다. 1980년대의 우리나라 전자업계를 살펴보면 당시 한국의 전자 업계를 이끌었던 금성사, 삼성전자, 대우전자가 3파전을 벌이고 있었다. 지금은 사라졌지만 대우전자도 당시에는 TV, 냉장고, 세탁기에서 상당한 판매실적을 기록하며 고성장을 하고 있었다. 하지만 1990년대에 들어서면서 그들의 성장은 갈림길에 들어서게 되었다.

1980년대까지만 해도 3개 회사의 제품 전략이 비슷했으나, 1990년대부터 서로 다른 길을 걷게 되었다. 금성사는 회사 이름을 LG전자로 바꾸고 가전제품 부문에서 기술 개발을 강화했고, 삼성전자는 반도체 기술을 바탕으로 최첨단 기술을 내세운 디지털 사업을 추진했다. 그러나 대우전자는 가전제품의 실용성을 강조하는 '탱크주의'를 고집했다. 대우전자의 리더는 '새로운 기술 개발이나 제품 개발보다는 기존 제품에서 내구성과 실용성을 보강하여 판매를 극대화하겠다'는 생각을 가지고 있었다. 잠시 대우전자의 판매가 호조를 띠었으나, 시간이 지나면서 기술 개발에서 삼성전자나 LG전자에 뒤처지기 시작했다. 그것이 결국 조직을 느슨하게 만들었고, 실무자들의 기술력과 실행력도 저하되면서 대우전자는 성장동력을 잃었다.

K-웨이, 열정과 창조성

한국의 신우량기업들은 어느 한 가지 요소만 갖춘 것이 아닌, 복합적인 요소를 가지고 있어 균형을 이룬다. 한국의 신우량기업이 되기 위한 조건은 다음 4가지로 정리할 수 있다.

1. 경영 요소인 '7S' 중 어느 한두 가지에 치우친 것이 아니라 균형성을 갖춘 발전을 꾀했다. 벤처 기업들은 기술에만 의존하고, 전통 산업을 운영하는 기업은 기술에 소홀해지기 때문에 '7S' 요소에 소홀한 경우도 있다. 그런 기업은 성장에 한계가 있다. 경영 기법에 있어서 균형성을 가지지 못하기 때문에 신우량기업이 되지 못한다.

2. 경영방식에서도 실행력을 중시한 일본식만 고집한 게 아니라 미국식의 전략력을 결합한 'K-웨이'를 실천하며 각국의 장점을 받아들였다. 전략과 실행은 따로 떼어놓고 생각할 수 있는 부분이 아니다. 때문에 리더의 성향에 따라 모든 일에서 미국식 전략에만 치우치거나 일본의 실행력만 강조하게 되면 균형을 이루지 못하기 때문에 신우량기업이 될 수 없다.

3. 신우량기업들은 전략력과 실행력을 적절히 조화시킨 하이브리
   드 방식으로 경영을 이끌었다. 전략력의 요소에는 예리한 아이
   디어와 강점 활용이 포함되어 있고, 실행력의 요소에는 실행과
   연습이 배치되었다.

4. 신우량기업들은 리더십으로 미국식 경영의 전략력으로 더욱
   경쟁력 있는 전략을 만들 수 있는 힘을 만들어냈다. 또한 일본
   식 경영의 실행력을 추진하면서 두 힘이 상호작용하게 만들었고,
   선순환되는 순환 사이클을 만들어냈다.

앞의 4가지 과정을 모두 거쳤다고 하더라도 에너지 K가 제대로 작동되지 않는다면 사람에 문제가 있는 것이다. 리더가 리더십을 발휘하고, 직원들이 열정을 불태울 수 있도록 동기부여를 하지 못하면 에너지는 발생하지 않는다.

LG그룹이 세계적인 불황에 빠진 2008년에 100조 원의 매출을 올렸다. 작은 중소기업도 아니고 이미 어느 정도의 규모를 가지고 있는 글로벌 대기업이 겨우 5년 만에 매출이 40%가 성장한 것은 놀라운 일이다. 그것이 전부기 아니다. 불황이 더욱 깊어진 2009년에도 LG전자, LG화학, LG디스플레이, LG이노텍, LG텔레콤 등 하이테크 기업들이 사상 최고의 매출과 이익을 내고 있다. 이렇게 LG가 에너지를 발휘하고 있는 것은 구본무 회장의 리더십과 직원들의 열정 때문이다. 구본무 회장은 2008년 각 계열사 사장과 컨센서스 미

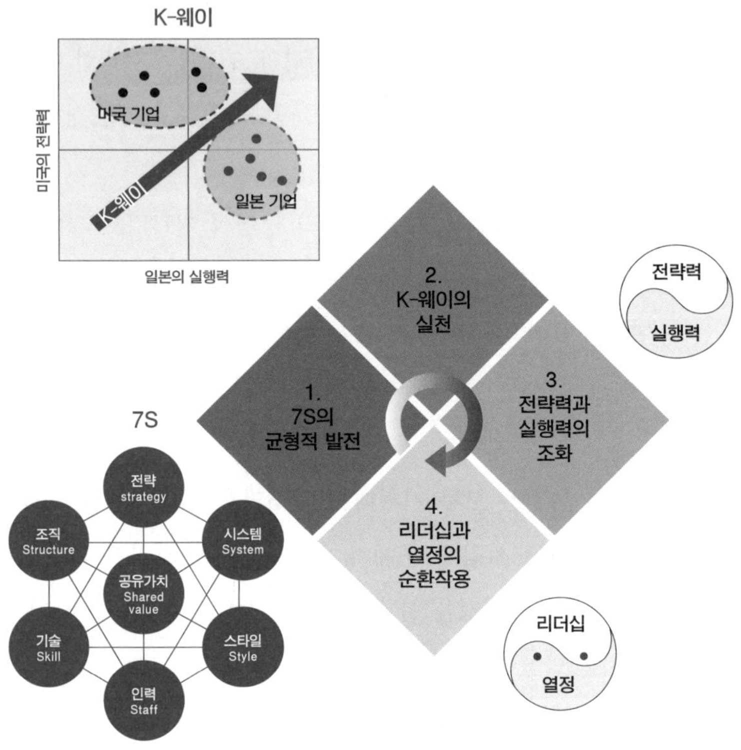

팅(CM)에서 각 회사의 CEO들에게 이런 메시지를 보냈다.

"경기가 어렵다고 사람을 내보내면 안 된다. 모든 변화와 혁신의 중추는 우리 구성원들이며 이들이 LG의 미래를 결정한다."

이 같은 구본무 회장의 발언은 직원들에게 큰 희망이 되었다. 많은 직원이 "올해만큼 회사에 강한 애착을 느낀 적이 없었다"라고 말할 정도였다. 이런 구본무 회장의 발언은 직원들에게 회사에 대한 로열티를 심어주게 했고, 더불어 더 잘 해야겠다는 강한 동기부여를 제공했다. 글로벌 경쟁 업체들이 수만 명의 직원을 해고하고 있는 상황에서 구조조정 없이 살아남으려면 이전보다 훨씬 노력해야 한다는 생각이 임직원의 머릿속에 자리 잡게 되었다. 구본무 회장은 이 순간을 놓치지 않고 불경기지만 '3가지 원칙'을 지켜나갈 것을 각 CEO들에게 주문하며 직원들을 독려했다.

- 함부로 사람을 자르지 마라
- R&D 투자를 늘려라
- 직원들이 주인의식을 갖도록 하라

구본무 회장의 발표 이후 당초 구조조정과 투자 축소를 준비해오던 LG계열사는 컨센서스 미팅 직후에 사업 계획을 서둘러 조정했다. 각 계역사별로 예정되어 있던 사업구조 개편 방안을 그대로 진행하되 잉여인력은 사내에서 다른 부문으로 전환하여 배치했다. 2009년에는 태양전지, 하이브리드카 전지, LED(발광다이오드) 등 미래의 성장동력 부문에 대규모의 투자 계획을 세웠다. 이 같은 전략적 리더십은 세계시장에서 곧바로 효과가 나타나 LG화학에서 개발한 자동차용 배터리가 GM자동차의 전기자동차에 공급되고, LG휴대폰은 소니에릭슨과 모토로라를 추월하여 세계 3위로 도약하게 되었다. 2009년에 LG전자는 사상 최대의 매출과 이익을 냈고 LG디스플레이는 LCD 생산량을 늘렸음에도 불구하고 공급이 따라가지 못하는 보기 드문 고성장을 하고 있다. 구본무 회장의 리더십으로 인해 LG그룹 전체에서 강력한 에너지가 작동하고 있다.

세계가 놀란 한국 경영의 힘

불가능을 가능케 하다(삼성중공업)

세계적인 불황의 여파로 물량 이동이 줄자 한국의 조선업계에도 그 여파가 찾아왔다. 그로 인해 2008년과 2009년에 수주를 거의 하지 못하는 기업도 있었다. 하지만 이런 위기의 순간인 2009년 7월, 삼성중공업이 60조 원을 수주하는 데 성공했다. 로열더치셸로부터 1척에 50억 달러나 하는 해양 플랜트선 10척을 15년에 걸쳐 공급하는 주문을 받은 것이다. LNG-FPSO는 천연가스를 뽑아낸 뒤 액화와 저장까지 할 수 있는 복합기능의 해양 플랜트로서 초대형 유조선 35척과 맞먹는 금액이다.

삼성중공업은 로열더치셸의 대형 발주 계획을 감지하고 영업, 설계, 법무 등의 분야에서 100명을 뽑아 2007년 초에 전략팀을 구성했다. 이는 일반 수주에 10배 이상 많은 인력을 하나의 프로젝트에 투입한 것이다. 2년 동안 100번 이상의 회의를 하고 한 달에 한 번씩은 프랑스와 네덜란드에서 전체 미팅을 했다. 결국 로열더치셸도 삼성중공업의 해양 플랜트 기술력과 경험을 인정하여 60조 원 규모의 LNG-FPSO를 발주하게 된 것이다. 결국 삼성중공업이 이 초대형 프로젝트를 따낸 것은 리더의 전략력과 직원들의 실행력이 작용한 '에너지 K'의 힘이었다.

그렇지만 삼성중공업이 이런 대형 수주를 얻기까지 평탄한 길만 걸어온 것이 아니었다. 그 과정에는 수많은 어려움이 있었다. 2000년대 초반부터 조선업계에서는 해양 플랜트 사업을 유망 산업으로 보고 앞다투어 진출했다. 그러나 해양 플랜트 발주가 기대에 못 미치고 원가 계산을 잘못하여 손해를 입기도 하는 등 수차례의 시행착오를 겪었다. 그러자 해양 플랜트 사업에 대한 열기가 식었고, 의지를 가지고 뛰어든 대형 조선사들이 하나 둘 사업을 접기 시작했다. 해양 플랜트 사업에 투입했던 인력은 컨테이너선, 벌크선 등 쉽고 빠르게 만들 수 있는 상선(商船) 분야로 재배치했다. 하지만 삼성중공업은 다른 조선사들의 이런 행동에 동참하지 않았다. 2001년 당시 김징완 사장은 해양 분야 기술 개발을 위해 오히려 기술 인력을 늘렸고 설비도 보강했다. 이렇게 꾸준히 준비하며 때를 기다린 삼성중공업은 드디어 2006년에 첫 발주를 받게 되었다. 원유 시추 설비인 드릴십(Drill Ship)의 발주가 이어져 전 세계에서 발주된 44척의 드릴십 중 절반 가량인 19척을 수주하게 된 것이다.

원유에 비해 천연가스를 다루는 해양 플랜트는 고도의 기술력이 요구되기 때문에 만약 삼성중공업이 다른 조선사들이 사업을 접었을 때 동조했다면 절대 지금의 성과를 올리지 못했을 것이다. 일단 천연가스는 부피가 커 그대로 운송이 불가능하기 때문에 급속냉각 장치를 통해 약 600분의 1로 부피를 줄여야 한다. 액화한 천연가 스가 새어나가지 않도록 운반하는 기술도 어렵다. 운송 도중에 배가 심하게 흔들리면 대형 폭발사건으로 이어질 수도 있다. 하지만 삼성중공업은 지난 6년 동안 포기하지 않고 설비를 보강하며 기술력을 쌓았기 때문에 자동 항법장치와 수십 가닥의 와이어를 통해 선체가 흔들리지 않도록 중심을 잡는 기술을 개발할 수 있었다. 그로 인해 더욱 쉽게 수주를 받을 수 있었다. 과정 없는 결과란 없다. 힘든 시기를 겪고 난 후, 이 첫 수주가 있었기에 극심한 불경기인 2009년에 로열더치셸로부터 엄청난 주문을 받을 수 있었던 것이다.

세계 최초의 LPi 하이브리드카를 개발하다(현대자동차)

세계 최대 자동차 회사인 미국의 GM과 세계적인 자동차 브랜드인 일본의 도요타가 경제위기로 휘청거리고 있는 지금, 한국의 현대자동차는 오히려 미국시장 점유율을 높이며 승승장구하고 있다. 현대자동차는 2009년 7월 9일에 아반떼 LPi 하이브리드카의 국내 시판에 들어가며 세계의 모든 자동차 회사가 사력을 다해 개발에 매달리고 있는 하이브리드카(Hybrid Car)에서도 한 발 앞서가고 있다. 도요타와 혼다가 휘발유 하이브리드카를 개발했지만 LPi 하이브리드카는 세계 최초다.

이 차는 현대자동차가 3년 7개월이라는 기간에 걸쳐 2,508억 원을 투자하여 개발에 성공한 것이다. 개발 초기에는 도요타나 혼다처럼 휘발유를 기본 연료로 사용했다. 하지만 이때 내부에서 이러한 의견이 나왔다.

"후발주자로서 경쟁 회사와 똑같은 방식으로 출시하면 누가 주목하겠는가?"

또한 휘발유 하이브리드카는 일본이 특허를 많이 가지고 있었기 때문에 개발에 성공한다 하더라도 일본과의 특허 분쟁에 휩싸일 수 있는 위험 요인이 있었다. 이에 현대자동차는 세계 최초의 액화석유장치(LPG) 기술력을 기반으로 한 한국형 하이브리드카를 만드는 것으로 다시 방향을 잡았다.

현대자동차가 하이브리드카 개발에 착수했다는 소식을 접한 도요타는 2004년에 하이브리드카의 기술과 부품을 공유하자는 제안을 해왔다. 현대자동차 연구소는 세계 최고 하이브리드카의 기술을 보유한 도요타의 기술 제휴라는 달콤한 유혹을 뿌리치기 쉽지 않았다. 당시 걸음마 단계였던 현대자동차 입장에서는 도요타의 제안을 받아들이는 것이 가장 쉬운 길이었다. 개발이나 판매에 많은 도움이 될 것이 분명했다. 하지만 현대자동차는 초심을 다시 떠올렸다. 결국 독자 기술 없이는 장기적 생존이 불가능하다는 것을 알고 있었기에 도요타의 달콤한 제안을 거부했다.

처음 생각했던 것처럼 독자 개발에는 많은 어려움이 뒤따랐다.

일차적인 문제는 배터리였다. 현대자동차는 그동안 일본의 배터리 전문회사 제품을 데모용으로 만들어 사용했다. 하지만 이 업체는 도요타와 혼다에도 제품을 납품하는 곳이라 현대자동차에는 항상 비협조적이었다. 기술 협의를 제안하면 기술자를 파견할 수 없으니 차를 일본으로 보내면 자신들이 알아서 맞춰주겠다고 했다. 현대자동차가 고민에 빠져 있을 당시 LG화학에서 차세대 배터리인 리튬 이온폴리머 배터리를 개발한다는 소식이 들려왔다.

하지만 LG화학 역시 차량용 배터리는 처음 개발하는 것이었기에 계속해서 어려움을 겪고 있었다. 일본 회사에서는 일주일의 시간을 줄 테니 그 안에 자신들의 배터리를 구입하라고 했다. 만약 그 시간을 넘기면 나중에 10배 가격을 준다고 해도 팔지 않을 것이라며 위협하기도 했다. 이러한 어려움들이 현대자동차 개발팀에게 더욱 강한 개발 의지를 불태우게 했다. 경기도 남양연구소에 있는 연구원들은 LG화학 연구소가 있는 충남 대덕을 1년 반 가량 거의 매일 오가며 끊임없이 연구하고 완성도를 높였다. 그렇게 꾸준히 노력하여 현대자동차는 결국 LPi 하이브리드카 개발에 성공할 수 있었다.

처음 30명으로 출발하여 나중에는 300명으로 늘어났지만 이는 도요타의 2,000명에 비하면 15%밖에 되지 않는 적은 인원이다. 이로 인해 현대자동차의 하이브리드 팀은 '도요타와 비교해 20% 인력으로 세계 최초의 LPi 하이브리드를 만든 것은 이순신 장군이 12척의 전선으로 왜선 133척과 맞선 것과 비슷하다'며 자신들의 성공을 '명량대첩'이라고 표현했다.

도요타도 놀란 최적의 생산성을 실현하다(LG전자)

제조업 분야에서 세계 최고의 생산성을 자랑하는 도요타자동차의 조 후지오(張富士夫) 회장이 2009년에 LG전자의 창원공장을 둘러보고 난 이후 "대단하다. 도요타보다 나은 점도 많다"라고 말하며 감탄했다. LG전자는 한때 도요타의 생산 방식을 모방하기에 급급했던 시절을 보냈으나 이제는 도요타도 부럽지 않은 생산성을 가지게 되었다.

LG전자가 이러한 생산성을 가질 수 있게 된 계기가 있었다. 20년 전, LG전자 창원공장은 폐쇄 위기에 있었다. 극심한 노사분쟁으로 인해 한 달 동안 공장 가동이 멈춘 상태였다. 이에 회사에서는 직장 폐쇄를 검토했다. 하지만 곧 상황이 진정되면서 노사 간에 대화가 이루어졌고, 그 자리에서 분쟁은 서로에게 도움이 되지 않는다는 것을 인식하게 되었다. 그 후 경영진은 솔선수범하여 사원들이 출근할 때 정문에 서서 인사를 했고, 사원들은 누가 시키지 않아도 혁신을 통해 생산성을 높이는 데 주력했다. '혁신 학교'를 운영하면서 사원과 관리자가 3박 4일 동안 자기반성과 혁신안에 대해 토의하고 생산라인에서의 문제점을 찾아 개선에 힘썼다.

20여 년 전의 노사분쟁으로 인해 서로를 이해하게 된 LG전자의 노사는 그 후로도 다양한 방법으로 생산성을 높이는 데 힘을 쓰고 있다. 높은 인건비를 커버하는 방법 역시 생산성을 높이는 방법밖에 없었다. 그로 인해 TDR(Tear Down Redesign)을 실시하여 모든 문제를 원점에서 검토하고 다시 디자인했다. 5% 개선이 아닌 20~30%의 혁신을 위해 모든 제품, 모든 생산공정을 재설계했다. 어느 정도의 시간이 흐르고 점차 성과가 나타나 에어컨, 드럼세탁기, 냉장고의 판매가 늘어났고 세계시장에서도 호평을 받게 되었다.

2007년에는 도요타를 정밀하게 벤치마킹해 에어컨 라인에 혼류 생산 시스템을 도입했다. 이 시스템은 하루에도 여러 종류의 제품을 동시에 생산할 수 있다. 예를 들어 A모델을 10대 만들고 나면, 그 다음엔 B모델을 30대, C모델을 20대 식으로 부품 교환에 따른 시차 없이 하루 종일 컨베이어 벨트에 다양한 모델이 계속 조립되는 것이다. 이렇게 하면 많은 제품을 한꺼번에 생산하지 않고 그때그때 주문량에 따라 필요한 물량만 만들 수 있다. 부품 입고에서 제품 출하까지 걸리는 시간도 과거 24일에서 현재 18일로 대폭 줄어들었다.

생산성을 높이기 위한 혁신은 누구에게나 고된 일이지만 창원공장 직원들에게는 즐거운 놀이와도 같다. 그래서 직원들은 친구와 대화를 나누듯 자유롭게 아이디어를 낸다. 작업장 바로 옆에는 '보물찾기 현황판'이라는 게시판이 있다. 이것은 낭비 요소를 제거하기 위한 제안을 하는 곳이다. 노란색 포스트잇에 간단히 제안 내용을 적어 붙이기만 하면 된다. 전에는 작업자가 제안을 하면 그 사람에게 해결책까지 맡기는 바람에 자연히 제안하기를 꺼렸지만 지금은 문제를 해결하는 전담팀이 별도로 운영되고 있어 이런 불편함이 사라졌다. '검사 공정의 형광등이 너무 높이 달려 있어서 제품을 구석구석 보기 힘들다' '나사를 조이는 작업을 할 때 센서가 걸린다' 등의 제안 내용이 있고, 내용 옆에는 '완료' '위치 변경 중' 등 개선된 내용이 적혀 있다. 아이디어가 실행이 되는 것을 발견하는 것은 즐거운 일이다. 더구나 그게 자신이 주장한 아이디어라면 더욱더 그러하다. 덕분에 작업장 곳곳에서 혁신 아이디어가 발견된다. 예를 들어 '청정 오아시스'라는 곳에는 빨랫줄에 담요를 널어둔 것 같은 워터 커튼(water curtain)이 설치되어 있다. 폭 1m 정도의 막에 물을 흘리는 이 장치는 가습(加濕) 효과와 더불어 정전기를 방지하고 분진을 제거하는 역할을 한다. 이것은 현장에서 나온 아이디어를 두 달 동안 연구한 끝에 2008년 말에 도입한 것이다.

이런 혁신 작업을 통해 길이가 130m쯤 되는 세탁기 라인에서는 8초에 한 대씩 세탁기가 완성되어 나온다. 미국의 월풀과 스웨덴의 일렉트로룩스가 13초에 한 대를 완성하는 것보다 훨씬 빠른 속도다. 20년 전의 창원 세탁기 공장은 연간 50만 대의 세탁기를 생산했다. 하지만 이제는 공장 부지를 더 늘리지 않고도 10배인 연 500만 대를 생산해낼 수 있는 기술을 갖추었다.

현재 LG는 끊임없는 혁신을 통해 세계 3대 가전(DA: Digital Appliance) 업체인 월풀이나 일렉트로룩스보다 높은 영업이익률을 올리고 있다. 세계의 에어컨으로 불리는 LG 에어컨은 8년 연속 세계 판매 1위를 고수하고 있으며 세탁기와 냉장고는 '글로벌 톱 3'를 달성했다.

세계로 뻗어나가는 IT 종합상사로 변신하다 (SK텔레콤)

한국은 IT와 모바일 비즈니스에서 전체적으로 다른 나라를 앞서고 있지만 수출은 미비한 상태다. SK텔레콤은 세계 최초로 휴대폰 벨소리에 다양한 음악을 도입한 컬러링(통화연결음)을 개발하고도 이것을 이용해 세계시장에서 부가가치를 찾을 생각은 하지 못했다. SK텔레콤이 발 빠르게 컬러링 서비스 방식에 대해 특허 출원을 했거나 비즈니스 모델로 팔았다면 지금쯤 엄청난 수익을 얻을 수 있었을 것이다. 컬러링은 2002년에 SK텔레콤에서 세계 최초로 선보였으나 국내 서비스에 그쳤다. 이것을 2004년부터 전 세계의 이동통신 사업자들이 '링톤(Ring Tone)'이라 부르며 서비스하고 있다.

세계로 진출할 수 있는 좋은 기회를 놓쳤던 SK텔레콤은 IT 종합상사로 변신하기 위해 7년 전부터 세계 각국에 진출했다. 하지만 좋은 성과를 얻기란 쉬운 일이 아니었다. 2003년부터 베트남에 'S폰' 사업을 개시했으나 가입자는 고작 527만 명으로 적자 상태를 면치 못했고, 중국에 진출하기 위해 차이나 유니콤에 6.7%의 자본을 투자했으나 특별한 성과를 내지 못했다. 또한 미국시장에 진출하기 위해 2006년에는 '할리오'라는 회사를 세워 서비스를 개시했으나 사업이 부진하여 2008년 버진모바일에 매각되기도 했다.

이러한 과정을 거치면서 SK텔레콤은 국가별 3위 안에 들어가지 않는 사업자와는 제휴하지 않는 것으로 전략을 수정하고 다시 세계를 공략했다. 2009년부터는 이동통신 서비스로 해외에 진출하기보다는 모바일 콘텐츠를 해외에 판매하는 사업을 강화했다. 그리고 종합상사인 SK네트웍스와 손을 잡고 진정한 'IT 종합상사'로의 변신을 꿈꿨다. 전 세계 22개국에 70여 개 글로벌 거점을 보유하고 있는 SK네트웍스가 '콘텐츠 수출의 첨병 역할을 하겠다'라는 것이다. 그래서 SK텔레콤은 콘텐츠 수출의 샘플 국가(이집트, 사우디아라비아, 말레이시아, 독일, 영국, 프랑스)를 선정하고 현지 컨설턴트를 통해 시장조사를 한 후, 중소업체들의 모바일 콘텐츠 개발 지원을 위해 'MD(Mobile Device) 테스트 센터'를 열고 국외 판매를 위한 콘텐츠 확보에 나섰다.

그리고 최근엔 애플(Apple)이 아이폰을 발매하면서 국내에서 다양한 콘텐츠 확보와 모바일 콘텐츠의 오픈마켓 형성을 위해 고객들이 개발한 소프트웨어를 거래할 수 있도록 지원하는 콘텐츠 오픈마켓인 SKT앱스토어(App Store)를 개설했다. 현재 애플 앱스토어에는 1만 5,000건의 프로그램이 등록되어 있고 5억 건이 넘는 다운로드 횟수를 기록하며 활발하게 움직이고 있다. 국내에서는 SK텔레콤이 제일 먼저 앱스토어를 개설하여 모바일 콘텐츠의 거래를 활성화하고 있다. 앞으로 앱스토어를 통해 더욱 다양한 모바일 콘

텐츠가 개발되면 SK텔레콤이 해외에 수출할 것이며, 그것으로 한
국은 모바일 콘텐츠 수출국이 될 수 있을 것이다.

열정으로 타올랐던 5,000일의 기록, 불의 혁명을 이루다(포스코)

2007년 5월 30일, 포스코는 철강 역사 100년 동안 아무도 하지
못한 업적을 이뤘다. 철광석 가루를 집어넣어 쇳물을 만드는 획기
적인 새로운 공법을 실현하는 데 성공한 것이다. 제철소의 핵심은
'펄펄 끓는 쇳물'을 만들어내는 고로다. 포스코는 전 세계 제철소의
핵심 표준인 고로를 대체할 수 있는 개선 기술, '파이넥스' 공법을
개발해냈다. 파이넥스에 대해 이해하기 쉽게 설명하자면, 기존 용
광로가 시루떡을 찌는 '찜통'이라면 파이넥스는 '전기밥솥'이라고
볼 수 있다. 철광석과 유연탄을 차례로 용광로 속에 넣고 불을 가하
면 녹아내려 쇳물이 나오는 것과 달리 파이넥스는 복잡하고 정교한
작동법에 의해 쇳물을 만들어낸다. 그래서 공항 관제탑을 방불케
하는 파이넥스 공장 제어실은 정밀한 기계와 모니터들로 구성되어
있다.

기존의 용광로 공법을 대체해 개발한 이 공법은 창업자인 박태준
회장에 의해 탄생되었다. 그는 포항제철 설립 24주년인 1992년에
"자원이 없는 대한민국의 철강 산업이 살아남기 위한 방법은 기술
력밖에 없다. 독자기술 개발에 사활을 걸자"라고 제안했다. 그리고
1992년 12월 1일, 박태준 회장의 제안에 따라 '뉴 프로젝트 추진

본부'가 결성되었다. 추진본부 담당 임원은 유상부 부사장(전 회장) 이었고, 추가로 5명의 실무팀이 구성되었다. 그리고 건설과 연구에 힘쓸 핵심 인력 30~40명이 추진본부에 참여했다.

이때 포항제철이 선택한 신기술이 파이넥스 공법이었다. 파이넥스는 기존 용광로 공법을 뒤집는 '가루공법'의 혁신적 기술이다. 지금도 그렇지만 그 당시엔 세계 어느 철강 회사도 엄두를 내지 못한 야심찬 프로젝트였다. 세계에서 그 누구도 성공하지 못한 것에는 이유가 있었다. 그 프로젝트는 어려움의 연속이었다. 파이넥스 개발팀의 본격적인 시련은 1995년에 설비를 갖추어놓고 첫 실험을 할 때부터 시작되었다. 일반탄과 분광석이 환원로 안에 들어가면 굳어버리는 일이 하루 걸러 발생했다. 3년 동안 연구하고 준비한 후에 설비를 작동시켰는데 석탄과 철광석이 굳어버리면 쇳물을 만들 수 없다. 개발팀이 몇백 도가 되는 열기 속으로 들어가 뒤엉킨 덩어리를 끄집어내고 다시 가동을 해도 똑같은 일이 반복되었다. 이때 박태준 회장은 "실패하면 영일만에 빠져 죽는다는 각오로 일하라"고 직원들을 독려했다.

1998년에 김대중 정부가 들어서면서 박태준 회장이 자리에서 물러났고 유상부 회장이 포스코 회장으로 취임했다. 그때부터 파이넥스에 대한 개발 의욕이 조금씩 사라졌다. 당시 신기술 개발에 700억 원이 투입되었지만 이렇다 할 결과가 나오지 않자 파이넥스에 대한 회의론이 불거져 나왔다. IMF 위기까지 가세해 포스코 내부에서도 "앞으로 얼마나 더 돈이 들어갈지 모르는 일이다. 더 투자한다 해도 성공할 가능성이 희박하니 여기에서 포기하자"라는 목소리가 하나 둘 들리기 시작했다.

그때 유상부 회장이 일본 도쿄 사무소장이었던 김창오 씨를 포항제철 소장으로 불러들였다. 그는 1992년에 파이넥스 개발에 관여했던 사람이기도 하다. 김창오 소장은 한국으로 부임하기 전에 세계 철강 전략회의에 참석할 기회가 있었다. 그때 옆자리에 앉은 사람이 베네수엘라 철강 전문가였다. 파이넥스 개발에 대해 조언을 구하자 그는 "베네수엘라도 20년 동안 광석을 유동 상태에서 환원하는 기술을 연구하고 있다. 유동환원 기술을 사용하면 가루 상태에서 가공이 가능할 것이다"라고 말했다. 김창오 소장은 그때의 기억을 떠올리며 유상부 회장을 설득하기 시작했다.

"유럽엔 유동환원 공법이 상당히 진행되어 있습니다. 저에게 1,000억 원만 주십시오. 분(粉)가루 공법을 연구해보겠습니다."

김창오 소장의 주장대로 분가루를 이용한 파이넥스 공법은 유럽에서 오래전부터 연구한 것이었다. 하지만 지속적인 투자와 기술 개발의 한계로 상용화까지 성공한 나라가 없었다. 김창오 소장의 부임으로 다시 탄력을 받은 파이넥스 개발팀은 유럽에서 기계를 도입해 새로운 공법의 실험에 착수했으나 역시 결과는 실패로 돌아갔다. 하지만 멈추지 않았다. 제철소 안에 20년 동안 가동을 하지 않은 공장 하나를 파이넥스 실험 공장으로 쓰면서 연구원들은 공장에서 먹고 자기를 반복했다. 파이넥스를 개발하는 직원들은 10년 동안 휴가도 제대로 가지 못했다. 용광로가 막힐 때마다 건설, 기술, 개발 연구팀원들이 일사불란하게 모여 대책 회의를 하고 기술자, 개발자 가릴 것 없이 현장을 지켰다.

그렇게 지리한 실패의 나날을 겪고 난 후 2003년 5월 30일, 드디어 실전의 날이 찾아왔다. 파이넥스 60만 톤의 데모 플랜트 화입식이 있는 날이었다. 만약 여기에서 실패하면 이 프로젝트를 완전히 접어야 할지도 몰랐다. 화입식을 한 후 쇳물이 나오기까지는 12시간이 걸린다. 쇳물이 나올지, 나오지 않을지 아무도 장담할 수 없는 상황이었다. 12시간 후, 시끄러운 굉음과 함께 출선구를 뚫고 오렌지색 섬광이 높이 치솟았다. 그리고 잠시 후, 용암 같은 황금색 액체가 흘러내리기 시작했다. 성공이었다. 그 쇳물이 파이넥스 공법이 의해 생산된 최초의 쇳물이었으며 5,000일 동안의 기록, 불의 혁명의 결과였다.

위기는 가설을 검증하는 시험

경제위기를 좋아하는 기업은 없을 것이다. 그러나 위기는 우리가 좋아하든 싫어하든 경고 없이 불쑥 찾아온다. 1990년대 말에 불쑥 찾아온 IMF 위기는 한국 기업들의 경영 능력을 시험하는 역할을 했다. 이 위기를 겪으며 경영 능력이 부족한 상태에서 거품 성장을 했던 기업들은 무너진 반면, 실력 있는 회사들은 이때를 계기로 더 강해지는 과정을 경험했다. 이번에 찾아온 세계적인 경제위기는 전 세계 기업들의 경영 능력을 동시에 시험해보는 학력평가와 같은 역할을 했다. 미국, 일본, 유럽, 아시아 국가들의 수천만 개 기업이 동시에 위기 극복이라는 시험을 치루면서 경영 능력을 평가받을 수 있었다.

미국의 초대형 기업들이 차례로 힘없이 무너졌고, 유럽의 오랜 역사를 지닌 기업들은 물론 일본의 대형 기업들도 경제위기 앞에서 고전을 면치 못했다. 그래서 이번 경제위기는 경영 기법의 우수성에 대해서도 간접적으로 평가를 받는 자리가 될 수 있었다.

순간 궁금해졌다. 톰 피터스가 제시한 '초우량기업', 짐 콜린스가 제시한 '위대한 기업'들은 이번 위기에서 어떤 성적을 냈을까? 그리고 윌리엄 오우치가 제시한 'Z 이론'의 기업들은 어떻게 되었을까? 이러한 의문의 평가 자료로 2009년 '포춘 글로벌 500위 기업'의 리스트를 살펴보았다. 2009년의 기업 성적은 2007년부터 불어닥친 경제위기를 겪고 난 실적을 가장 정확하게 반영했기 때문이다. 톰 피터스의 '초우량기업' 명단에 들었던 기업들은 이번 글로벌 500위 안에서 아예 빠진 기업이 꽤 있었다. 이미 도산했거나 성과가 미비했기 때문이다. 500위 안에 들었다고 하더라도 대부분 순위가 뒤로 많이 밀려난 상태였다. 짐 콜린스의 '위대한 기업' 명단에 들었던 기업들 중 글로벌 500위 중 100위 안에 들은 기업은 거의 없었다. 과거 실적만 가지고 기업을 선정했기 때문에 다소 통찰이 부족할 수밖에 없었다. 윌리엄 오우치의 'Z 이론' 명단에 들었던 기업들은 글로벌 500위 안에 가장 많이 있었고, 100위 안에도 상당수가 랭크되어 있었다. '초우량기업', '위대한 기업', 'Z 이론' 중에는 'Z 이론'이 가장 높은 점수를 받았다. 필자는 한국 우량기업의 우수성을 'Z 이론'의 가설에서 찾았기에 나의 연구 성과도 먼 훗날 돌아보면 가장 높은 점수를 받은 'Z 이론'처럼 가장 정확한 시적으로 평가받을 수 있을 거라는 생각이 들었다.

'Z 이론'이 'K-웨이'로 실현되었다.

- 7S 모델의 기본
- 강점 활용 경영 스타일
- 전략력과 실행력의 조화
- 리더십과 열정의 순환작용

위기 극복에 성공한 기업과 실패한 기업에 위의 4가지 신우량기업 조건을 대입시켜 K-웨이의 경영 효과성을 입증해보려 한다. 위기 극복에 성공한 기업으로는 한국 우량기업 '빅 5'와 미국의 애플과 구글을 선정했다. 위기 극복에 실패한 기업으로는 미국의 GM과 일본의 소니를 선정했다. 이들 기업을 신우량기업의 4가지 조건에 대입하면 다음과 같다.

우량기업 조건	한국 빅 5	애플	구글	GM	소니
7S 기본 모델	Y	Y	Y	N	Y
강점 활용 경영 스타일	Y	Y	Y	N	N
전략력과 실행력의 조화	Y	Y	Y	N	N
리더십과 열정의 순환	Y	Y	Y	N	N

위기 극복에 성공한 기업과 실패한 기업을 선정하여 비교를 해보니 놀랍게도 신우량기업 4가지 조건을 충족한 한국의 빅5와 애플, 구글은 성공한 기업이었고, 충족하지 못한 미국의 GM과 일본의 소니는 실패한 기업이었다. 전 세계에 몰아친 경제위기를 극복하는 데 어떤 경영방식이 경쟁력이 있는가를 검증해볼 수 있었다. 많은 것을 고려하여 생각했을 때 미국식과 일본식의 강점을 결합한 'K-웨이'가 변화의 시기에 경쟁력이 있음을 알 수 있다.

창조 경영의 새로운 모델,
킹피셔

경영을 다룬 수많은 서적이 있지만 필자가 처음 읽은 책은《소니의 국제화 전략》이었다. 1979년 삼성전자에서 근무할 당시, 회사에서 이 책을 구입하여 직원들에게 나눠주고 독후감을 작성해 제출하라고 했다. 당시 국내 2등 기업이었던 삼성전자는 '세계 최고 기업인 소니(Sony)를 학습하여 1위 기업이었던 금성사를 뛰어넘어 세계적인 회사가 되자'라는 의미에서 이 책 읽기를 권유했던 것 같다.

그러나 30년이 지난 지금, 모든 상황이 달라졌다. 이제는 소니가 삼성전자에 대해 학습하고 있다. 소니를 비롯한 일본의 전자회사들은 삼성전자뿐 아니라 LG전자까지도 학습 대상으로 삼고 있다. 이런 현상은 미국도 마찬가지다. 1990년대 초 삼성은 신경영을 선포하며 임원들을 6개월은 국내에서, 6개월은 미국 유명 대학의 MBA 과정에서 학습을 하도록 했다. 그러나 2005년부터 하버드대학의 MBA학생들이 한국의 우량기업에 대해 학습하고자 한국으로 찾아오기 시작했다. 하버드대학뿐 아니라 콜럼비아대학 등 유명 MBA

과정의 학생들에게도 한국 기업에 대한 연구가 인기를 끌고 있다. 몇 년 전만 해도 삼성전자를 한 수 아래로 여겼던 일본의 소니가 '삼성을 배우자'며 삼성전자와의 협력에 열을 올리고 있고, 현대자동차는 미국시장에서 가격은 물론 품질 면에서 우수한 평가를 받고 있다. 상황이 이러하니 한국식 경영방식에 세계가 주목하는 것은 당연한 일이라고 볼 수 있다.

40년 전만 해도 최빈국(最貧國)이었던 한국이 지금은 세계 12위의 경제 규모로 성장했다. 이렇게 놀라운 성장을 할 수 있었던 힘은 무엇일까? 필자는 한국에 학습 욕구가 뛰어나고 열정적인 사람들이 많이 있기 때문이라고 생각한다. 이 사람들이 기업경영에서 힘을 발휘해 선진국이 100여 년 동안 발전시켜온 경영 능력을 30~40년 만에 따라잡을 수 있었다. 덕분에 한국에는 비록 천연 에너지는 없지만 경영 에너지가 넘치고 있다.

우리 기업은 불경기 때마다 끊임없이 일본이나 미국의 경영방식을 학습했었다. 그러나 과거와 달리 지금의 한국 기업들은 우수한 전략과 경영 시스템을 가지고 있고, 일본이나 미국식 경영 기법을 한국적 상황에 맞게 접목시켜 한국식 경영 기법을 만들어냈다. 이제 한국식 경영 기법은 세계 어떤 기업에서도 찾아볼 수 없는 하나의 기업 모델이 되었다. 서울대학교 송재용 교수도 '삼성전자가 잘

나가는 이유'라는 글에서 한국식 경영기법의 우수성에 대해 다음과 같이 설명했다.

'대규모 조직이지만 외국 경쟁자에 비해 의사결정과 실행 스피드가 빠르고, 다각화되어 있지만 단위 사업의 전문성을 극대화했으며 미국식 전략 경영과 일본식 현장 경영의 장점을 조화시킨 삼성의 패러독스 경영이 정착되었다.'

GE와 도요타는 세계적인 우량기업이나 이들은 기존의 것들을 개선하여 생산성을 높이는 회사들이다. 반면 삼성과 LG는 새로운 것을 성공시키는 예리함과 역동성을 가진 회사들이다. 이제 한국식 경영 기법은 세계 어떤 기업에서도 찾아볼 수 없는 하나의 기업 모델이 되었다. 그 힘을 바탕으로 우리나라의 기업들은 세계 일류기업으로 도약할 수 있었다.

필자는 이 책을 통해 한국식 경영의 모델을 '킹피셔'라고도 불리는 물총새에 비유했다. 잘 알려진 새는 아니지만 킹피셔는 우리 땅에 살고 있는 뛰어난 능력을 가진 새다. 그동안 우리 눈에 잘 보이지 않았던 것은 우리가 관심을 가지고 보지 않았기 때문이다. 관심을 가지고 주위를 둘러보면 보이지 않던 것들이 보이기 시작한다. 우리나라에도 킹피셔같이 놀라운 능력을 가진 기업과 유능한 사람이 많이 있다. 이 사람들에게 킹피셔처럼 예리하고 열정적으로 능력을 발휘할 기회를 준다면 세계 최고의 제품, 세계 최고의 우량기업이 더 많이 탄생할 수 있을 것이다. 또한 이미 세계적으로 인정받은 한국의 우량기업들이 앞으로도 킹피셔처럼 새로운 기회를 발견하고 그 기회가 사라지기 전에 새로운 것을 성공시키는 능력을 유지한다면 어떠한 위기가 닥치더라도 흔들리지 않을 것이다.

“당신의 회사는
킹피셔와 얼마나 닮아 있습니까?
당신의 가슴에는 지금
킹피셔가 뜨겁게 날고 있습니까?”